Récits Missionnaires Illustrés
N° 25

SUR LES RIVES DU ZAMBÈZE

NOTES ETHNOGRAPHIQUES

par

LOUIS JALLA

Voyage en pirogue

PARIS
SOCIÉTÉ DES MISSIONS EVANGÉLIQUES
102, Boulevard Arago (XIV')

1928

Prix : 7 fr. 50

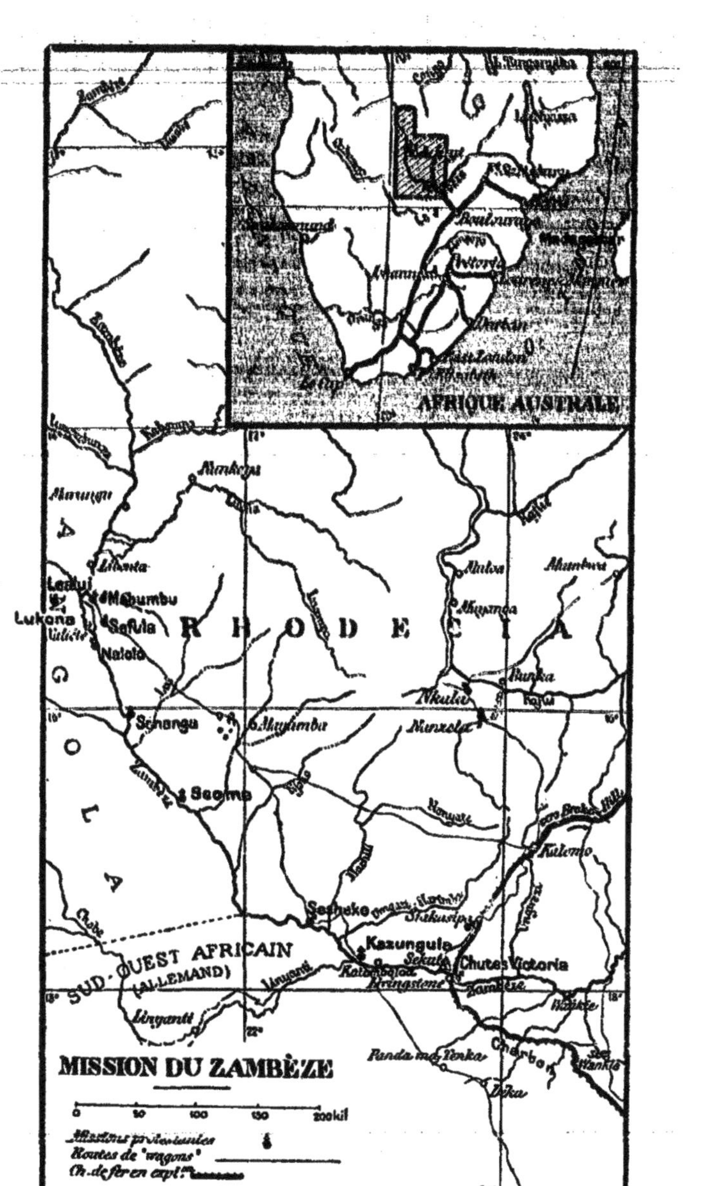

AFRIQUE AUSTRALE
A N G O L A
R H O D E S I A
Zambèze
Marungu
Likonta
Lealui
Mabumbu
Lukona
Sefula
Nalolo
Sehangu
Seoma
SUD-OUEST AFRICAIN
(ALLEMAND)
Linyanti
Sesheke
Kazungula
Sekute
Chutes Victoria
Livingstone
Zambèze
Panda ma Tenka
Charbon
Deka
Wankie
Kalomo
Nkula
Kafui
Bunka
Mumbwa
Munzolo
MISSION DU ZAMBÈZE
0   50   100   150   200 kil
Missions protestantes
Routes de "wagons"
Ch. de fer en expl.
M.C.

SUR LES RIVES DU ZAMBÈZE

Récits Missionnaires illustrés
N° 25

SUR LES RIVES DU ZAMBÈZE

NOTES ETHNOGRAPHIQUES

par

Louis JALLA

PARIS
SOCIÉTÉ DES MISSIONS ÉVANGÉLIQUES
102, Boulevard Arago (XIVᵉ)
—
1928

A MES CHERS DISPARUS

Louis JALLA.

Les Zambéziens

I. Le pays. — Notions générales

Les Zambéziens dont nous voulons nous occuper ici sont les indigènes de la rive nord du Zambèze. Ils habitent le pays connu sous le nom de pays des Barotsés, ou Ma-Rotsé.

En 1851 Livingstone arrivait au Zambèze. Il révélait alors au monde civilisé l'existence du Royaume des Barotsés que gouvernait le grand chef Sebetoane, Roi des Makololos. Ce royaume s'étendait alors des colonies portugaises de l'Afrique orientale aux colonies portugaises de l'Afrique occidentale.

Ces vastes frontières furent graduellement modifiées par les circonstances politiques. Actuellement le Barotseland s'étend du 21° au 26° degré de longitude Est. Il est bordé au sud par le Zambèze et la rivière Mashi et au nord par *les Mashikoloumbo* et les *Mankoïa*, jadis tributaires des Barotsés. Après avoir fait partie de la North-West Rhodesia depuis 1897 et avoir été administré par la Compagnie anglaise de l'Afrique du Sud (British South Africa Company) à laquelle le roi Lewanika céda tous ses droits contre une allocation annuelle de mille et quelques cents livres sterling, le Barotseland est depuis le 1er avril

1924, un protectorat anglais, directement administré par la métropole.

Le Zambèze à Séshéké

Le *climat* y est tropical. Les nuits sont relativement fraîches. Les grandes chaleurs sont en octobre et novembre, époque où le thermomètre monte jusqu'à 44° et même 47° à l'ombre, au milieu du jour. Le froid maximum se fait sentir du 15 juin à fin juillet. Il arrive que l'eau gèle alors dans les récipients la nuit et la gelée blanche recouvre le sol mais elle disparaît aux premiers rayons du soleil.

Les inondations annuelles pendant lesquelles le niveau du fleuve monte de six à sept mètres et submerge sur des centaines de kilomètres, les plaines avoisinantes, rendent le climat malsain. Les moustiques pullulent. La malaria et ses conséquences souvent fatales, guettent toujours l'Européen.

Toute cette vaste région est un haut plateau ondulé, de 1.000 à 1.100 mètres d'altitude, avec des collines boisées et sablonneuses, coupé de vallons que traversent des rivières au lit fangeux.

Flore.

La flore pourrait être plus riche. Aux premières pluies, les plaines s'émaillent de fleurs aux teintes variées : orchidées, liliacées, amaryllidacées et autres, aux racines bulbeuses ou tuberculeuses qui leur permettent de traverser, sans périr, les longs mois de sécheresse et les incendies annuels. Des nappes de nénuphars blancs, bleus, roses ou violets bordent les étangs et les cours d'eau et embaument l'at-

Fleurs sauvages

mosphère. Arbres et arbustes se couvrent d'une floraison fortement parfumée qui devance les feuilles. Quelques espèces ne sont jamais dégarnies de leur verte parure. Nombreuses sont les essences non encore étudiées, plantes médicinales aux propriétés vaguement connues des indigènes, arbres résineux, écorces à parfums et à propriétés toniques ; bois d'ébène et d'acajou, bois très durs au cœur rouge ou noir, résistant aux insectes destructeurs. La flore zambézienne a été peu étudiée jusqu'ici. La forêt fournit une grande variété de fruits. Ils sont du domaine public. Le Zambézien se contente de les cueillir

Nénuphars

sans rien faire ni pour les protéger ni pour augmenter le rendement des arbres. Ces fruits sont une ressource en temps de disette ; cela leur suffit. Ces fruits ont souvent un goût excellent mais ils ont fort peu de pulpe ou bien ils contiennent une quantité de noyaux qu'on ne peut que sucer. Tel le *moholoholo*, fruit à l'aspect d'une grosse orange, à coque dure, pleine de jus d'une excellente saveur aigrelette et d'une cinquan-

taine de noyaux à sucer. D'autres espèces très semblables causent des coliques douloureuses. On s'y trompe
aisément. Le *mowawa* est un fruit analogue, plus
nourrissant, mais moins
agréable au goût. De
même le *mounteme*, dont
on fait rôtir les noyaux
sur la braise pour en rendre l'amande mangeable.
Le *moboula*, fruit comme
une grosse noix, dont on
ne mange que la pulpe
extérieure. Il y en a deux
espèces, l'une se trouve
sur de grands arbres, l'autre sur de minuscules ar-
bustes. De même le *moso-
moso* qui est aigrelet. Le
mochinga croît sur un
buisson, en grappes rou-
ges, très bonnes, n'étaient
les gros noyaux. Les

Fleurs sauvages

malolo, comme de minuscules ananas suspendus
à une tige arborescente. Les *matsuku* à l'apparence
de nèfles mais d'une saveur très agréable se cueil-
lent sur de beaux arbres à grandes feuilles de lau-
rier. Le *mohamane* comme une amande sans coque
et le *mozinzira*, minuscule prune très douce, se cueil-
lent sur des géants de la forêt. Il y a le *ntumbulwa*
espèce de nèfle à goût de prune. Le *mobuyu*, fruit

du baobab à forme d'un immense concombre à coque dure, contient des pépins qu'entoure une pulpe blanche à goût d'acide tartrique, c'est pourquoi les Anglais le nomment : *cream of tartar-tree*. On rencontre diverses espèces de vigne sauvage dont la racine seule est vivace. Les grappillons ont un goût âpre. Les grains bien mûrs donnent un bon vin si on ajoute beaucoup de sucre. Il y a diverses baies. Ces fruits ne supportent pas la cuisson à cause de l'acidité des noyaux et des pépins.

La culture des arbres fruitiers est encore inconnue de l'indigène.

Faune.

La faune est richement représentée.

Le Zambèze et ses tributaires sont très poissonneux. J'ai trouvé 22 espèces de *poissons* dont les spécimens sont au musée du Cap. Quatre espèces étaient inconnues. Les crabes et autres crustacés sont rares.

Les rives du grand fleuve fourmillent de milliers d'*oiseaux aquatiques* aux espèces les plus variées telles que hérons, ibis, marabouts et aigrettes (espèce de héron) aux plumes précieuses, pélicans, oies, canards de plusieurs variétés, grues, sarcelles, trois espèces de martin-pêcheurs, mouettes criardes. Des colonies d'étourneaux à couleurs vives dans les berges escarpées du fleuve. Les mimosas supportent des centaines de nids suspendus que se disputent de ravissants oiseaux. Pintades, perdrix et cailles peuplent les bois. Des nuées d'oiseaux pillards s'abattent sur les champs et causent de grands dégâts. Les oiseaux chanteurs sont rares. Vers l'aube on entend

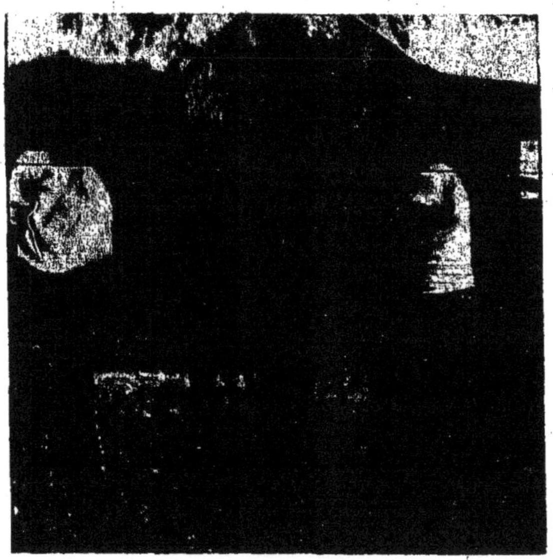

Poissons du Zambèze

le cri lugubre du *momba* qui rappelle à s'y méprendre, le dindon et se nourrit de serpents. Des aigles divers, à puissante envergure, vautours et éperviers dont nous connaissons trois espèces planent dans les airs. Le corbeau et la pie voleuse rôdent autour des village. La nuit, hiboux et chouettes, chauve-souris diverses, prennent à leur tour leurs ébats. Les premiers, objet de terreurs superstitieuses, sont considérés par les indigènes comme des revenants déguisés. Les sorciers sont censés rechercher leur société.

Presque tous les *quadrupèdes* de la création sont représentés au Zambèze. Souris et rats pullulent.

Antilopes et zèbres

Des champs doivent être abandonnés à cause de leurs dévastations. Des gens sont mordus par eux pendant leur sommeil. Rongeurs et petits carnivores se trouvent partout. Le gros et le menu gibier, antilopes de tous genres, gnous, buffles, girafes, zèbres, rhinocéros et éléphants sont un grand attrait pour les chasseurs.

Trois ou quatre espèces de singes font retentir les forêts de leurs cris. L'hippopotame est un danger constant pour qui voyage sur le fleuve. Les forêts sont

Buffle

le domaine où lions et léopards prennent leurs ébats. Après les pluies le lion rôde souvent en famille aux abords des villages en quête de proie. Le lion mâle abandonne facilement la femelle en cas de danger. La femelle, au contraire, défend le mâle et surtout

ses petits avec une hardiesse terrible. L'hyène fait de
fréquentes rondes nocturnes. Le lynx est plus rare.
Les *reptiles* constituent un danger constant. Ils

Un serpent de belle taille

pénètrent souvent dans les cases et leurs morsures sont parfois mortelles. Le serpent python atteint les 7 à 8 mètres de longueur. Il avale alors sans peine de jeunes antilopes et ne craint pas de s'attaquer à l'homme. On connaît 15 espèces de serpents.

Le crocodile se trouve dans tous les cours d'eau. Il fait annuellement plusieurs victimes humaines. Il a en moyenne trois à quatre mètres de longueur. Il nous est arrivé d'en tuer un de sept mètres. On prétend qu'il peut vivre jusqu'à 250 ans. La femelle pond de 90 à 100 œufs dans le sable, sur la rive et elle laisse au soleil le soin de les faire éclore. A l'éclosion elle fournit de petits poissons sa progéniture pendant les premiers jours. Le mâle a le cœur moins tendre. Il dévore ses enfants s'il les rencontre sur sa route. La tortue de terre et la tortue d'eau sont assez communes. On prétend que la carapace de la première peut supporter un poids de 3.000 kilos.

Les *insectes* sont les grands ennemis de l'homme au Zambèze. Il doit toujours compter avec eux. Ils lui compliquent constamment la vie.

Des vols de sauterelles apparaissent tous les 8 à 10 ans. Elles s'établissent dans le pays et dévorent tout ce qui est vert, même les écorces des arbres. Elles détruisent les récoltes pendant deux ou trois ans, puis elles disparaissent pour un temps. La mouche tsétsé (*glossina morsitans*) se rencontre dans certaines forêts. La piqûre tue le gros et le menu bétail. Elle est inoffensive pour l'homme. La *glossina palpalis* dont la piqûre produit chez l'homme la maladie du sommeil qui a fait de si grands ravages dans l'Afrique centrale, est encore limitée à la frontière nord de la Rhodesia. Les moustiques sont partout très actifs après le coucher du soleil. Leur piqûre cause la malaria souvent très pernicieuse. Tels insectes réduisent les bois de construction en poussière, d'autres envahissent les denrées ; la farine devient en peu de temps une masse mouvante. Les tiques (ou ixodes) sucent le sang du bétail et sont la cause de nombreuses épidémies. La chique (ou puce pénétrante) pond ses œufs sous les ongles. Elle occasionne des démangeaisons insupportables et finit même par faire tomber les doigts à bien des malheureux. La vermine grouille dans les villages et aux campements abandonnés. Les fourmis guerrières peuvent envahir au moment du plus profond sommeil. Elles arrivent en bataillons serrés, elles plantent leurs mandibules dans la chair et forcent à une retraite hâtive et douloureuse. Tout ce qui est laine est attaqué par les mites. Mais les termites causent encore les plus grands dégâts. Tout le sol en fourmille. Ils détruisent les planchers, la boiserie, la toiture des habitations, ils imposent une vigilance constante dans les maisons ; malgré toutes les précautions, ils ménagent de pénibles surprises. Avant même qu'on se doute de leur présence, ils ont détruit une bibliothèque de livres précieux ou le contenu d'une malle. Tout ce qui est bois, cuir ou chaume est susceptible d'être ruiné par eux.

Origine des Barotsés.

Les données manquent pour savoir d'où venaient les Barotsés quand ils se sont établis au Zambèze. Leur histoire est saturée de mythes et de légendes et la démarcation entre l'historique et le légendaire est impossible à faire. Membres de la grande famille Bantou, ils vinrent sans doute du Nord, peut-être du Congo, à une époque déjà lointaine. Ils s'établirent dans ce qui est appelé aujourd'hui la plaine du Borotsé que le Zambèze traverse dans toute sa longueur et qu'à l'instar du Nil, il fertilise par ses inondations annuelles. D'après la légende, la famille royale serait d'origine divine. Le roi actuel, Yeta III, qui succéda à Léwanika, son père, en février 1916, est le treizième des rois connus, qui ont occupé le trône. Il n'appartiendrait qu'à la 9e génération de l'origine de la nation à ce jour. Son premier ancêtre connu, Ngombala, fut un des quatre fils de Mbuyamwamba, femme du dieu Nyambe. Elle l'aurait enfanté peu de temps avant que celui-ci, craignant Kamonu, le 1er homme, ne se réfugiât au Ciel.

Ces données ne feraient pas remonter bien haut l'origine de la famille royale, pas plus que celle des Barotsés et du premier homme lui-même. Les traditions orales, dans un pays où l'écriture est inconnue, sont sujettes à de profondes lacunes et effleurent des mystères impénétrables. Aujourd'hui, les gens ayant du sang royal dans les veines sont légion dans le pays. Rien d'étonnant à cela quand on sait que le grand-père de Léwanika, par exemple, avait 29 enfants, dont les noms sont encore connus aujourd'hui. Lewanika a eu lui-même plus de 40 enfants. La succession au pouvoir n'a pas nécessairement lieu en droite ligne. Léwanika avait succédé à un cousin qui avait lui-même succédé à un oncle. L'invasion des Makololos, venus du Sud, interrompit pendant 25 ans, de 1840 à 1865, la succession légitime au trône, mais elle reprit ses droits en 1865 lorsque les Makololos furent exterminés. Jusqu'à la mort de Léwanika, les successions au trône avaient été l'occasion de révolutions sanglantes et de luttes entre les partisans des divers prétendants.

Notice historique de la Mission du Zambèze.

L'histoire de la mission parmi les Barotsés est connue. En voici les jalons principaux :

1° *Livingstone* chassé de Kolobeng, sa station, incendiée par les Boers se dirige vers le Nord. Il découvre le lac Ngami et arrive en 1851 à Linyanti, la capitale des Makololos. Ceux-ci venaient du Lessouto. Ils avaient conquis le pays et s'étaient assujettis les Barotsés depuis une dizaine d'années. Le chef Sébétoane accueille très cordialement le voyageur, mais il meurt peu de temps après. Son fils Sekeletou lui succède. Livingstone, avec une escorte de Makololos, part peu de temps après en voyage d'exploration vers la côte occidentale. Il atteint Saint-Paul-de-Loanda

Comment on voyageait au temps de Livingstone

et de là revient à Linyanti en ramenant ses porteurs. Il en repart en 1855 pour la Côte orientale avec une nouvelle escorte. Il découvre, en passant, les chutes de Mosioathunya et leur donne le nom de Chutes Victoria.

2° En réponse aux appels de Livingstone, la mission de Londres envoie en 1859 les missionnaires Helmore et Price au Zambèze. Ceux-ci avec leurs familles, après une pénible traversée du désert arrivent le 14 février 1860 à Linyanti. Ils y sont traîtreusement reçus par Sekeletou et ses conseillers. M. et Mme Helmore, des enfants, plusieurs indigènes de l'escorte, plus tard M. et Mme Price, en tout 18 personnes meurent successivement des suites d'un empoisonnement administré à leur insu par les chefs.

Ces tragiques événements engagent M. Price, affaibli lui-même, à repartir pour le Sud emmenant avec lui les deux orphelines Helmore. Ils quittent Linyanti en juin 1860, indignement dépouillés par Sekeletou. La mission allait être abandonnée pendant 25 ans.

3° F. Coillard chargé par ses collègues du Lessouto de chercher un champ d'activité pour les évangélistes Bassoutos, arrive en 1878 à Séshéké, en voyage d'exploration. Il obtient du roi Robosi l'autorisation de s'établir dans son pays. M. et Mme Coillard rentrent alors au Lessouto, puis en Europe et pendant quatre années, plaident auprès des Eglises de divers pays, l'établissement d'une mission chez les Barotsés. Ils repartent en 1883 pour le Lessouto.

4° M., Mme et Mlle Coillard, M. D. Jeanmairet et leurs compagnons de route arrivent le 24 septembre 1885 à Séshéké. La mission du Zambèze est définitivement fondée.

5° 21 août 1887, arrivée au Zambèze des premiers renforts de la mission en la personne de M. et Mme Louis Jalla, du Dr Henri Dardier et Aug. Goy, artisan-jardinier. Ils étaient suivis en septembre 1889 par M. Ad. Jalla qui clôt la liste des pionniers de la

mission. Depuis ce moment, la mission a traversé bien des jours difficiles et tragiques tout en gagnant graduellement la confiance des Zambéziens.

De 1885 à 1925, cent dix missionnaires hommes et femmes ont été envoyés au Zambèze. De ce nombre, 25 sont morts, soit au champ d'honneur, soit des conséquences de leur séjour en ce pays malsain. Plusieurs enfants des premiers missionnaires tombèrent également victimes du climat. Quarante-cinq missionnaires durent quitter prématurément le pays, surtout pour des raisons de santé. La malaria a été très meurtrière pendant les 17 premières années de la mission. 15 ouvriers de la mission ont succombé

aux atteintes du climat pendant ce laps de temps
ainsi que des enfants. Depuis 1902 les santés se sont
considérablement améliorées, grâce aux précautions
prises contre les moustiques.

Après *Séshéké*, fondée en 1885, et *Séfula*, en 1886,
d'autres stations missionnaires furent ouvertes aux

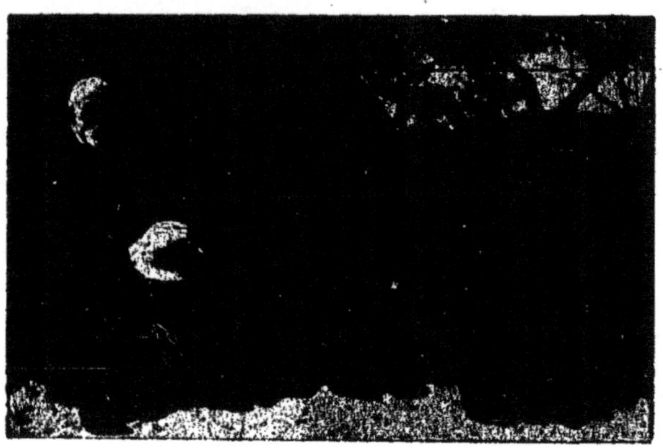

M. Louis Jalla chez les Matotela

points stratégiques du pays. En 1889, *Kazungula*,
alors la porte du pays, fut occupée par M. et
Mme L. Jalla. En 1892, F. Coillard fondait la station
de *Léalui*, la capitale, et en 1894 la seconde capitale
Nalolo, résidence de la reine Mokwae, était occupée à
son tour. Vinrent ensuite *Livingstone* et *Senanga* en
1898, *Mabumbu* en 1900 et enfin *Lukona* en 1905.

Les missionnaires introduisirent l'observation du

Chutes Victoria

Dimanche en convoquant les gens pour le culte sur leurs stations ce jour-là. Ils se hâtèrent d'ouvrir des écoles, tout en construisant leurs propres abris. Ils soignaient les malades qui venaient à eux. Ils s'intéressaient à tout ce qui se passait chez leurs voisins. Ils durent souvent intervenir soit en faveur d'un esclave maltraité, soit pour protester contre des infanticides ou pour sauver la vie à des victimes de la superstition. Les stations missionnaires ne tardèrent pas à être considérées comme des lieux de refuge pour les opprimés. Sous l'influence missionnaire, les coutumes païennes s'adoucirent graduellement, se modifièrent ; un premier réveil des consciences se manifesta en 1894 à Kazungula d'abord, puis à Séshéké, Séfula, Léalui. En 1898 eurent lieu les premiers baptêmes. Peu à peu, les premiers noyaux d'églises se constituèrent, premiers vagissements d'un peuple dont la conscience, remuée par le souffle de l'Esprit de vie, se réveille à la lumière qui porte la santé dans ses rayons. Les progrès furent lents mais continus. Les missionnaires étaient toujours trop isolés. Les aides indigènes faisaient défaut. Un premier essai d'école d'évangélistes ne donna pas les résultats espérés. En 1906, une école normale était fondée d'où sont sortis plusieurs instituteurs de valeur. Avec 1914 commence l'établissement d'annexes confiées à des indigènes, dépendant de différentes stations. Le nombre des écoliers en est décuplé et l'influence missionnaire gagne en étendue et en profondeur. La mission du Zambèze compte actuellement (1927), 7 stations, 28 annexes dirigées par des indigènes chrétiens ; une école normale, une école industrielle. Il y a 3.600 élèves dans les écoles, et 408 membres d'église, une école d'évangélistes a été fondée en 1927. L'état-major européen se compose de 9 missionnaires, de 2 artisans, de 5 institutrices, d'un médecin et de 3 infirmières.

II. La vie privée

1. L'habitation.

Au Zambèze, en fait d'*habitation*, on pourrait se croire encore aux temps préhistoriques. Cependant, depuis une trentaine d'années, au contact de la civilisation, des modifications furent graduellement introduites en ce qui touche aux abris comme dans tout le reste. Les rochers et même les cailloux sont rares. Comme abris naturels on ne rencontre ni caverne ni hauteur escarpée, mais des fouillis souvent épineux, repaires de fauves et de reptiles. Les matériaux de construction employés, tels que bois, roseaux, chaume sont facilement détruits par le feu et les intempéries. Aussi on ne rencontre nulle part des ruines anciennes. La forêt déboisée pour l'établissement de nouveaux villages reprend vite ses droits dès que la population se transporte ailleurs. Celle-ci déménage fréquemment soit pour cause d'épidémie, soit parce que le sol, jamais fumé, est vite épuisé.

L'abri le plus ancien des Barotsés est le *luongo*, hutte de forme oblongue. Les femmes n'y travaillent que pour plâtrer le parquet, une fois la hutte achevée. Les parois sont formées par de longues perches recourbées, dont les bouts opposés sont liés ensemble avec des cordes en écorce d'arbre. Cette charpente est recouverte jusqu'en terre de chaume à longue tige, arrangé avec soin, gerbe après gerbe. Une seule

On pose le toit

ouverture de hauteur d'homme, vers le milieu de la hutte, sert d'entrée ; une mince cloison en roseaux divise la hutte en deux chambres de grandeurs inégales. L'une sert de chambre à coucher, l'autre de chambre à manger et de réception. Cette hutte ne dure qu'un an, à cause de la vermine et des termites.

Le *sébouma* est une hutte du même genre mais ronde. Le *libana*, hutte allongée comme le luongo, avec l'entrée à l'une des extrémités, est à l'usage des bergers.

On appelle *mafulo* les abris temporaires des voyageurs construits avec des rameaux ou des roseaux que l'on recouvre de chaume ou de feuillage.

Le *kaiatwa* est un abri analogue en nattes, plus soigné, à l'usage des chefs.

Le *sahela* a peu à peu remplacé le luongo des Barotsés. Il fut importé par les Makololos venus du Sud. Il consiste en une hutte ronde, de grandeur variée. Celle du chef Tahalima, à Séshéké, par exemple, mesurait 27 m. 20 de circonférence et 5 m. 10 de hauteur au centre.

Le sahela est divisé en trois compartiments : la chambre à coucher qui est au centre, un large corridor l'entoure et une vérandah extérieure entoure la hutte entière. La chambre à coucher ou *mozouzou* est divisée en deux parties très inégales, par une mince palissade. L'entrée donne sur la cour de devant. Le corridor a deux portes. L'une donnant sur la cour de devant, sert d'entrée. L'autre conduit à la cour intérieure et privée où se trouve la cuisine et où se tiennent les personnes de service. Le sahela est construit avec soin et peut durer dix ans et plus.

Construction de maison

La cour intérieure est à son tour divisée par des palissades en roseaux en deux et même trois autres cours. La première cour est accessible à tout le monde. La femme et les filles de la maison y pilent la nourriture journalière que l'on cuit sur place dans de grands pots en terre cuite. Dès qu'elle est prête, la nourriture est servie dans le corridor, en face de la porte de devant. La seconde cour intérieure sert au père, à la mère et à la personne de service qui en a la charge. Père et mère y font leur toilette. On y trouve différents pots de médecine dont on se sert journellement. Dans un de ces pots, des racines spéciales trempent dans l'eau. Les époux s'en aspergent matin et soir. Une fois la racine pourrie, on la jette au fleuve et on la remplace par une nouvelle. Un deuxième pot contient une médecine préparée différemment. Après avoir fait rôtir dans un pot cassé des graines ou des feuilles spéciales, on les réduit en poudre que l'on mélange à de la graisse d'antilope. Un peu de ce mélange est mis aux tempes, aux paupières, sur la langue, afin que tout ce qui est mauvais disparaisse, aux deux coudes et aux deux genoux. Ils en prisent aussi jusqu'à l'éternuement ; on conserve un peu de cette préparation dans une corne plantée au chevet du lit. On s'en sert au matin quand un des époux a mal dormi. Si ceux-ci partent en voyage ils remplissent de cette médecine une petite corne qu'ils emportent avec eux. C'est la médecine du bien-être, de la santé.

Le *mobilier* du Zambézien est très sommaire. Une

natte couverte d'une peau d'antilope sert de lit et de matelas. Quelques-unes ont encore un mince oreiller en bois. C'est tout pour la chambre à coucher. Le tabouret du chef de famille est le seul meuble de la chambre à manger. La femme s'accroupit de préférence sur une natte, les enfants de même. La vais-

Porteuses de chaume

selle consiste en des plats en bois, ronds et oblongs, avec et sans couvercle. Le père va lui-même tailler dans la forêt voisine sa vaisselle et son mobilier. Il y a la cruche en terre cuite pour l'eau fraîche. Des pots en terre contiennent du lait qu'on laisse cailler pour assaisonner la bouillie journalière. D'autres pots servent de marmite. Le mortier et les pilons qu'emploie la femme pour préparer la farine du pain journalier, complètent le mobilier. Qui le désire peut augmenter à peu de frais mobilier et vaisselle.

Les villages de la forêt sont souvent entourés d'une forte palissade par crainte des fauves. Les issues en sont fermées du coucher au lever du soleil. Parfois, pour plus de sûreté, des huttes construites sur de hauts pilotis servent de chambres à coucher. On y arrive au moyen d'une échelle rudimentaire.

L'emplacement de la hutte dans le village dépend du rang de son maître ; suivant qu'il est chef, conseiller, serviteur ou esclave. La hutte du principal chef est au centre du village. Il a comme premiers voisins les membres de sa famille ; viennent ensuite ses serviteurs, ses conseillers, etc. Dans les capitales, l'orientation des huttes est fixée d'après un code strictement suivi et dépend du rôle joué par le possesseur dans l'administration du pays. Lorsqu'un chef monte en grade il doit céder son emplacement à son successeur. Il va lui-même s'établir sur l'emplacement de celui dont il prend les fonctions et même le nom officiel.

2. L'habitant.

Le Zambézien est en général bien bâti, élancé, se tenant très droit. Il se fait une grande sélection pendant l'enfance ; seuls, les plus forts résistent. L'hygiène et les soins entendus laissent fort à désirer. La moyenne de leur stature est supérieure à la moyenne européenne. La femme est plus petite que l'homme. Elle vieillit beaucoup plus vite. Le corps est bien proportionné. Le nez aplati est commun, mais le nez aquilin au milieu d'un joli visage est assez fréquent surtout chez les femmes. Les narines sont élargies outre mesure par leur habitude de ramoner le nez avec une spatule en fer. La bouche est très grande. Les lèvres moyennes, fines parfois. Les dents bien tenues sont idéalement blanches sauf chez les fumeurs de chanvre ou de tabac. La chevelure laineuse et crépue est abondante. Elle est maintenue courte,

Type zambézien

souvent rasée chez les jeunes. Les cheveux noirs ou brun foncé sont la règle. Les yeux très brillants varient du brun au noir. Peu portent la barbe et seulement au menton. La barbe entière est fort rare. Les dandies roulent en temps ordinaire leur barbiche sous le menton pour la dérouler avec grand soin les jours de fête. D'autres se rasent ou ont recours à la dépilation. Quand la femme a des poils à la figure, c'est un porte-bonheur, elle ne les enlève pas. Jadis les

Barotsés ne se tondaient jamais. Aujourd'hui les longues chevelures ont passé de mode. Les coiffures spéciales telles que la tonsure près de la nuque qui était jadis le privilège des princes et des grands chefs sont laissées au goût de chacun. Les jeunes gens et jeunes filles en profitent. Ils ne se teignent ni les cheveux ni les dents. La peau varie du noir au jaune bronzé. Elle est blanche à la paume des mains et à la plante des pieds. Le nouveau-né a la peau très claire à son entrée dans ce monde, mais dés le second jour elle prend une teinte légèrement foncée qui se fonce très vite vers le brun ou le noir.

Femme Matoléla

Le Zambézien a les cinq sens plus développés que l'européen. Son ouïe est très fine et sa vue très bonne. Par son odorat il discerne des odeurs qui nous échappent. De même pour le toucher. Il est excellent marcheur et rameur infatigable. Ses muscles sont très développés. Il peut porter des poids considérables. Les hommes portent leurs charges sur l'épaule, les femmes sur la tête. La nourrice porte l'enfant sur le dos enveloppé d'une peau de chèvre attachée par les pattes à son cou et à sa ceinture. Ils peuvent supporter la soif et surtout la faim bien au delà de nos limites, mais ils ont une capacité phénoménale d'estomac en temps d'abondance. Mieux que nous aussi, le Zambézien sait voiler ses sentiments intimes de colère ou de haine sous des dehors trompeurs et par des paroles flatteuses. Il excelle à cacher son jeu. C'est un fin observateur. La moquerie est innée chez lui. Facilement égoïste, il peut être très généreux envers ceux de sa parenté. Mais avec l'étranger sa générosité est très intéressée. La fidélité n'est pas son fort quoique nous ayons connu maint exemple touchant de grand dévouement.

Un Zambézien

3. Soins du corps.

Comme il est dit plus haut, l'hygiène laisse beaucoup à désirer, ce qui cause une grande mortalité infantile, allant du 70 au 80 0/0. Ceux qui résistent donnent une race robuste et saine. La vie au grand air et leur genre de travail dégourdit les membres et fortifie les muscles. La mère pince souvent le nez de son nourrisson pour l'empêcher de s'élargir ou de s'aplatir. La tête est souvent lavée et graissée ainsi que tout le corps pour assouplir la peau et l'empêcher de se crevasser. Les Zambéziens pratiquent beaucoup moins que d'autres tribus des déformations sur leur corps. L'oreille, par exemple, n'est percée que d'un petit trou pour y passer un mince anneau de fer ou de laiton, à l'inverse des Masaï de l'Afrique orientale qui y passent leurs tabatières. Ils conservent leurs lèvres à l'état naturel tandis qu'au Tanganyika les femmes y introduisent des coquilles plus grosses que nos anciennes pièces de cuivre de 10 centimes. De même pour les narines. Les Barotsés liment un peu les incisives comme embellissement. Les Batoka les enlèvent. Chez les Mashikoloumbo la coutume exige d'enlever les quatre dents de devant de la mâchoire supérieure. Tout homme qui s'y refuserait serait honni de ses semblables. Mais nul ingrédient n'est employé pour colorer ou incruster les dents.

Le tatouage jadis était général, surtout chez la femme. Il était considéré comme un ornement presque de rigueur sur la poitrine, au dos, au front et aux joues. On le faisait en plusieurs fois pour éviter des accidents. Sur la jeune fille c'était quand elle devenait nubile. Ces tatouages ornaient le dos des deux côtés de l'épine dorsale, en trois et quatre colonnes diverses. D'autres représentant des flèches, des zèbres ornaient la poitrine. Chaque dessin a un nom spécial. Le corps était frotté avec une poudre d'écorce spéciale qui rendait le tatouage indélébile.

Le tatouage au front se fait plus tard, on le frotte avec de la poussière de charbon. Celui des hommes diffère de celui des femmes. L'adoption des vêtements europé...s enlève leur raison d'être aux tatouages du dos et de la poitrine. Ils tendent à disparaître ; ceux du front, autour des yeux et aux joues se pratiquent encore.

La femme préfère l'homme aux oreilles petites, aux lèvres minces, plutôt gras, ni trop grand ni trop petit, mais elle a rarement le loisir du choix. L'homme aime chez la femme les cheveux bien soignés, de jolis traits, les sourcils rasés, grasse, mais pas trop. Il l'aime laborieuse et docile. « Méfie-toi de celle qui est jolie, dit le proverbe, si elle n'est pas paresseuse, elle vole. »

4. Les vêtements.

La civilisation a déjà considérablement modifié le vêtement du Zambézien. A notre arrivée en 1887, les vêtements d'étoffe étaient une grande exception chez les hommes. Seuls quelques chefs portaient à la ceinture un pagne de coton imprimé. Aucune femme n'osait alors faire usage d'étoffe européenne. La toute première jupe de cretonne fit son apparition à Séshéké en 1888 sur le corps d'une fiancée du grand chef local. Jusqu'alors l'unique vêtement des hommes était le *mabindo*, peau d'antilope pendant à la ceinture, par devant, une seconde peau pendait par derrière. Le roi, les princes et les grands chefs avaient le privilège exclusif de pouvoir porter des peaux de léopard, de lynx et autres fauves. Les hommes portaient aussi, attachée au cou, une peau d'antilope, la

Costumes divers

tête en bas, protégeant un peu la poitrine. La tête de l'animal devait être à droite, la queue à gauche. Les femmes portaient la *mouzizi*, courte jupe en peau de bœuf, retenue à la ceinture par des lanières en cuir. Pour tout vêtement de dessous, une ceinture, la *moliza*, pour soutenir les reins. Des colliers de minuscules rondelles en coquilles d'œufs d'autruche, ornaient le cou. Plus tard les perles de verroterie remplacèrent ces rondelles. Hommes et femmes s'ornaient bras et jambes de bracelets en cuivre jaune ou rouge. Les bracelets d'ivoire étaient réservés aux personnes de haut rang. La peau de léopard·et le manteau en peaux de *tripa*, petit carnassier, indiquaient encore le haut rang, comme aussi le *koupa*, grande coquille ronde et blanche, suspendue au cou. Elle suffisait à l'occasion pour payer la rançon d'un homme.

Les *meshomo*, épingles à cheveux en ivoire, étaient réservées aux membres de la famille royale. Les jeunos garçons portaient aux reins, des queues de chats sauvages cousues ensemble, en attendant de savoir confectionner eux-mêmes leurs propres vêtements. Les jeunes filles n'avaient jusqu'à leur mariage qu'une ceinture de cordelettes en peau ou en écorce. Les poches faisant défaut, hommes et femmes attachaient leurs indispensables tabatières à la ceinture, par une cordelette souvent recouverte de perles. C'est encore à la ceinture que l'homme tient son couteau solidement fixé dans une gaine de peau. Le *lebeko*, spatule en fer, qui remplace notre mouchoir de poche, est suspendu par une cordelette au cou.

Les vêtements actuels, cachant une grande partie du corps, rendent superflus, non seulement les tatouages, mais aussi les bracelets en cuivre et en verroterie ornant jadis les chevilles. Mais ils n'enlèvent rien à l'importance des amulettes qui, sous forme de cornes à médecine, de bouts de racines, d'ongles de fauves ou griffes d'aigles, de peaux de serpents, d'écailles de tortue et autres porte-bonheur du noir, ornent aujourd'hui encore le cou, la poitrine, les poignets ou la ceinture de grands et petits.

Bas et souliers sont peu employés. Ceux qui doivent souvent voyager dans les bois portent des sandales qu'ils enlèvent dans les endroits sablonneux. Le chapeau est peu employé sauf par des dandies revenant des mines.

5. Nourriture.

La nourriture des Zambéziens est saine et variée.
Elle consiste en céréales, légumes, viande, poisson,
lait et fruits. La bouillie de farine de sorgho, pour les
uns, de maïs, millet ou manioc, pour les autres, remplace chez eux notre pain quotidien. Elle constitue
le principal menu du repas. Cette bouillie est trans-
formée en boulettes par la main du convive, et trem-
pée dans du jus de viande, de poisson ou d'arachides,
ou bien elle est pétrie avec du lait caillé. Le lait est
rarement employé frais. Sorgho, maïs, millet, arachides et denrées analogues sont, à la moisson, entassées
avec l'épi ou la gousse, dans des greniers sur pilotis,
construits en dehors des villages. Ces greniers, plâ-
trés avec de la terre comme les huttes, sont recou-
verts d'un toit ad hoc. La femme y prélève à son gré
la portion journalière nécessaire au ménage. Aidée
des filles de la maison elle concasse le grain et le
réduit en fine farine, dans des mortiers en bois, au
moyen de longs pilons en bois très dur. La farine,
mise sans retard au feu dans de grands pots en terre
cuite, est versée à moitié cuite dans un plat rond et
servie toute fumante. Il est rare que tous les membres de la famille mangent ensemble. En général le
mari mange d'abord, entouré des fils, ayant à ses
côtés le cadet. Il passe ce qui reste à la femme et aux
filles. Quand il y a de la viande, le plat est placé
devant le père qui distribue les morceaux à chacun.
Les fruits sont des hors-d'œuvre mangés en dehors

des repas. Il y a aussi la *patate* douce et d'autres tubercules, tels que les racines de nénuphars, le *sekhousoane*, qui se mange cru ou cuit, des *pois de terre* très nourrissants, des haricots. L'*arachide* s'emploie surtout comme pitance : on en fait aussi de l'huile excellente. La *courge* est très commune, on en fait une grande consommation, soit à peine formée, soit mûre. La feuille de courge et diverses herbes des champs et du fleuve servent de légumes. Le maïs vert, en épis, est très apprécié.

Le Zambézien est friand de viande. Elle abonde dans le pays, mais il a en horreur la viande de *singe*, trop semblable à l'homme et celle du *crocodile* dont se délectent, au contraire, les Congolais. Il ne mange également pas la chair des *fauves*, mais bien celle du serpent *python* et du *varan*. Le *poisson* est excellent, mais l'indigène ne mange pas l'*anguille* parce qu'elle rappelle le serpent. Il ne mange ni la peau ni les poumons ni la cervelle du gros gibier, cette dernière, disent-ils, leur ferait blanchir prématurément les cheveux. La *moelle*, très appréciée des adultes, est défendue aux enfants qu'elle rendrait malades. La *langue* est un morceau préféré. Le filet est réservé au roi et aux chefs, la poitrine aux femmes de haut rang et aux vaillants en guerre ou à la chasse. Ils évitent les viandes empoisonnées, mais mangent celle du bétail malade. La viande et le poisson séchés au soleil et sans sel sont conservés pendant des mois.

Le beurre est employé pour se frotter le corps. La graisse de divers animaux sert pour assaisonner les aliments. Nous avons employé nous-mêmes souvent celle d'hippopotame. Ils emploient aussi les huiles de ricin, d'arachides et d'autres fruits de la forêt. Le sel est employé avec la viande et les légumes, mais jamais dans la bouillie.

Ils cultivent deux espèces de canne à sucre. L'une, mince comme la tige du maïs, est semée annuellement, on en suce la tige verte. L'autre, la vraie canne à sucre, croît en touffes et se reproduit par rejetons. On en suce la moëlle. On ne l'emploie ni dans les aliments, ni dans aucune boisson.

On connaît six sortes de miel que l'on trouve soit à un mètre sous terre, dans de grands récipients de cire blanchâtre, confectionnés avec art par l'insecte, soit dans les tronc d'arbres creux ; on en fait une grande consommation. Le miel et le sel font partie de l'impôt annuel que certaines tribus doivent payer au roi.

Les Zambéziens n'emploient que le lait de vache, sauf les Batoka qui traient aussi leurs chèvres. Le lait caillé est un régal.

6. Boisson.

La boisson générale est la bière, faite avec de la farine de sorgho ou de maïs, cuite dans beaucoup d'eau et un peu de farine de grain qui a germé et qu'on a fait sécher, en guise de levain. Il est rare qu'on en boive aux repas. Quand il y a de la bière, on invite voisins et amis ; tout passant peut s'arrêter et participer à la fête sans attendre d'y être invité. Cette bière est capiteuse et donne lieu à de grands abus, à des orgies parfois tragiques. Elle coule à flots en temps de fête. Le grand chef *Lewanika* et son fils *Litia* ont combattu avec une grande énergie l'usage de la bière, mais sans grand succès. Elle est hors la loi, mais malgré de fortes amendes, les chefs surtout continuent à la boire en secret. Les Barotsés emploient aussi l'*ilia*, boisson non fermentée, faite d'un mélange de farine, lait et miel, qui nourrit et désaltère à la fois. Certaines personnes en font leur seule nourriture. D'autres boissons non fermentées sont préparées avec de la simple farine ou consistent en infusions diverses de fruits de la forêt. Chez les *Matotela* des environs de Séshéké, lorsqu'un chef veut défricher de nouveaux champs, ses femmes préparent de la bière en abondance. Les hommes de la région, invités à lui donner un coup de main, viennent en foule au jour indiqué, abattre à coups de hache un coin de la forêt. Ils sont récompensés à la fin de la journée par un festin de bière qui se prolonge bien avant dans la nuit. A l'époque de la moisson, on célèbre une fête de la reconnaissance où la bière coule aussi à flots. De même aux mariages et aux funérailles des grands chefs. Dans les régions à palmiers on fait du vin de palme en pratiquant une incision dans le tronc de l'arbre, dont on recueille la sève, en y fixant un récipient. Cette sève à couleur laiteuse se boit chaude et est très capiteuse.

7. La famille.

a) Naissance

L'entrée d'un enfant dans ce monde a lieu dans des conditions très prosaïques. On ne lui fait aucune fête, aucun préparatif pour bien l'accueillir. C'est à peine si la mère a pensé à se procurer le *tali*, peau de chèvre dont elle enveloppera le nouveau-né pour le porter sur son dos. C'est à l'écart, dans les buissons en dehors du village, ou sous quelque méchant abri improvisé où la mère a cherché en hâte un refuge, que l'enfant fait son entrée dans ce monde. La mère n'a auprès d'elle que sa propre mère, ou une sœur, à défaut, une amie. On ne fait aucune attention au nouveau-né, aussi longtemps que la mère n'est pas complètement délivrée. Il gigote par terre, librement. C'est la mère qui coupera le cordon avec ses dents.

Jadis, si la mère mourait en couches, on enterrait l'enfant avec elle. Aujourd'hui le père cherche une parente qui prendra soin du bébé. En cas de jumeaux, on en supprimait un. On tue ceux qui sont difformes. Si l'enfant ne donne aucun signe de vie, on le tient en l'air par la poitrine, jusqu'à ce qu'il pleure. Les garçons sont toujours préférés aux filles. Quand l'enfant a deux mois, le père lui donne un nom, celui de son père à lui ou de sa mère. Un second enfant reçoit le nom d'un grand-oncle paternel. Après deux ou trois enfants, la mère pourra, à son tour, donner le nom de son père ou de sa mère. La mère reste une dizaine de jours hors de chez elle. Elle lave l'enfant quand elle revient. L'enfant est allaité pendant trois ans, mais si la mère devient enceinte, elle cesse d'allaiter peu avant l'accouchement.

On tuait l'enfant dont les dents supérieures apparaissaient les premières. La mère s'efforçait bien de le cacher, mais dès qu'un parent le remarquait on étranglait l'enfant avec la main et on l'enterrait : on en usait de même avec l'enfant suivant de trop près son aîné. Nous avons assisté, en 1901, à un cas semblable et obtenu que les parents fussent publiquement punis.

L'avortement au moyen de médecines végétales est assez fréquent pour la simple raison que la mère veut être plus libre ; mais c'est toujours une cause de regrets plus tard pour elle.

b) *Enfance*

Le jeune garçon vit dans la plus parfaite liberté. Personne ne s'occupe de lui ; ses parents favorisent ses caprices et le contrarient très peu. Il joue avec des compagnons de son âge, plus tard, il pétrit des animaux de terre glaise, bâtit des huttes minuscules, s'exerce à tirer flèches et javelines de sa confection. Son alimentation est fort peu surveillée et son estomac prend souvent des proportions effrayantes. Dès qu'il est assez fort, il accompagne son père à la chasse, porte les lances, apprend à s'en servir ; ou bien en voyage sur le fleuve ou à la pêche, il apprend à manier la pagaie, à bâtir des abris, à cuire les aliments. L'agriculteur associe son garçon à ses travaux, l'artisan à son métier. Il apprend ce qu'il veut en fait de chants et danses. Il accompagnera les hommes à la guerre et au retour il sera considéré comme un homme, sans autre initiation. L'usage exige qu'un enfant dès l'âge de 4 ou 5 ans soit confié aux parents du père, plus tard un autre enfant ira chez les parents de la mère, mais s'il n'est pas content il peut rentrer chez ses propres parents. Les enfants logent avec les parents et se forment en les imitant. Il n'y a pas d'instructeurs spéciaux. Seuls les enfants du roi ou des princes ont des gardiens ou gardiennes pour veiller sur eux et leur enseigner les bonnes manières. Mais malheur aux gardiens s'il arrive le moindre accident aux princes !

La jeune fille est la compagne inséparable de sa mère. Elle l'aide en tout dès qu'elle est en état de le faire. Elle est la gardienne de ses cadets qu'elle porte sur son dos, ployant parfois sous le poids d'un bébé presque aussi lourd qu'elle. Elle aide au pilonnage du grain, surveille la cuisson des aliments, accompagne sa mère aux champs. La mère est l'unique éducatrice de sa fille. Elle lui enseigne à faire tout ce qu'elle sait elle-même, soit aux champs, soit à la maison. La fillette n'a guère de loisirs que le soir. Elle se joint alors à ses compagnes en rondes diverses avec chants et claquements de mains. C'est le concert journalier qui anime les belles soirées, dans les villages.

Mais l'insouciante jeunesse est de courte durée, surtout pour la jeune fille.

c) *Adolescence*

Aux premiers symptômes de l'adolescence la jeune fille est amenée à l'écart par sa mère. Pendant 20 jours et plus, elle doit se rendre chaque matin dans les bois, où plusieurs femmes, surtout des vieilles, la rejoignent pour l'instruire dans les divers devoirs de la vie conjugale. Elles la frappent, lui infligent de douloureux châtiments pour l'habituer aux mauvais traitements de son futur mari, qu'elle devra craindre et auquel elle devra se soumettre. Chaque soir ces femmes ramènent la jeune fille chez elle, en chantant.

Au bout de 3 à 4 semaines la jeune fille a la tête rasée. On l'amène à la rivière pour l'y laver complètement et enduire tout le corps de graisse et parfois d'ocre. Vers le soir elle est amenée dans la hutte de son fiancé dont elle sera désormais la femme.

d) *Fiançailles*

Lorsqu'un jeune homme désire épouser une jeune fille, il lui fait des avances. S'ils se conviennent, les tantes du jeune homme feront les démarches auprès des parents de la jeune fille. Une fois le jeune homme agréé, la jeune fille reçoit de son fiancé des perles blanches pour son cou, la jupe en peau, une légère pèlerine, une couverture de coton ou de laine suivant les moyens du fiancé, un plat et même une marmite. La jeune fille est dès lors considérée comme appartenant à son fiancé. Il a le droit de la réclamer quand

Il veut. Jadis la fiancée habitait avec son fiancé même avant d'être nubile. Son consentement ne lui était pas demandé, elle était souvent promise déjà toute petite par ses parents, à un de leurs amis, polygame ou non. Mais les inconvénients de telles unions ont enfin modifié ces coutumes. Aujourd'hui la jeune fille est généralement consultée et les fiançailles se font plus tard.

L'homme qui ne se marie pas est considéré comme un sot et est l'objet de la moquerie de tout le monde.

e) *Mariage*

Ce sont encore les parents du fiancé, surtout ses sœurs et ses tantes, qui le préparent en vue du mariage et qui l'aident à trouver les têtes de bétail à donner aux parents de la jeune fille, pour qu'ils consentent à se séparer d'elle. Les sœurs et tantes de l'épouse s'occupent de sa toilette et d'autres détails. Au soir fixé, les premières vont chercher l'épouse. Elles déposent une pièce d'argent sur sa natte pour l'engager à se lever et à les suivre. Celle-ci se lève sans hâte, comme à regret. Ses parentes la suivent. Elle s'accroupit plusieurs fois en route, comme si elle voulait retourner chez elle et chaque fois un cadeau de perles blanches la persuade d'avancer. Elle fait ainsi tout le long du parcours, jusqu'à la hutte de l'époux. Une fois là, les parentes rentrent chez elles, emportant les perles qui vont à la mère. Souvent une tante ou une sœur aînée passe la première nuit

devant la hutte pour donner du courage à l'épouse.
Le festin des noces aura lieu le lendemain et les
jours suivants. Il sera plus ou moins grandiose suivant les moyens des époux ; un bœuf en est le principal menu, avec du pain et de la bière. Une partie
de la viande est envoyée aux parents de l'épouse.
Ceux-ci, un peu plus tard, rendront la politesse.

f) Les droits et devoirs réciproques des époux

Ils varient sensiblement d'une tribu à l'autre. Chez
les *Barotsés* proprement dit, tout ce qui appartient à
la femme devient la propriété du mari. Elle doit le
suivre. Celui-ci peut la renvoyer quand bon lui semble et peut garder les.enfants.

Chez les *Batoka* et les *Matotela*, c'est au contraire
le mari qui suit la femme. Il doit se fixer près de ses
beaux-parents. Il doit les servir dans les travaux
pénibles, les pourvoir journellement de bois et d'eau,
cultiver leurs champs, etc. Sa femme peut le renvoyer quand bon lui semble en gardant les enfants.
Là, la femme est une source de richesse et de bien-
être, bien des hameaux sont uniquement formés des
parents entourés des familles de leurs filles, sur lesquelles leur autorité est incontestée, tandis que leurs
fils doivent aller s'établir à leur tour chez leurs propres femmes.

g) Divorce

Le divorce est fréquent ; plus fréquent chez les riches que chez les pauvres. La fidélité conjugale est rare. L'homme peut renvoyer sa femme pour cause d'adultère, de paresse, pour abus de la parole, pour négligence à l'égard de ses beaux-parents, pour raison de stérilité surtout. La femme peut refuser son mari si elle en est maltraitée, s'il est méchant avec elle. Ces raisons sont discutées devant les chefs qui, après avoir écouté les parties adverses, prononcent le divorce et en fixent les responsabilités et les conséquences.

Lorsqu'un mari veut divorcer, il place devant sa femme quelques-uns de ses objets et vêtements et prie un de ses parents de la reconduire chez elle ! S'il y a des enfants, le tribunal décidera de leur sort.

La femme divorcée peut se remarier à son gré, mais dans la pratique, il est bien plus difficile à la femme de se séparer de son mari et de reconquérir sa liberté, que l'inverse. Aujourd'hui les mariages imposés, deviennent rares ; ils étaient la règle jadis. Un maître pouvait imposer un mari à son esclave, un père pouvait imposer à sa fille un riche mari ou haut placé ; la jeune fille n'avait rien à dire. Un proverbe disait : *La femme ne peut dire non.* Ces coutumes se modifient avec les années, sous l'influence de la civilisation et surtout du christianisme. Ainsi nous avons pu en 1923, à Séshéké, non sans peine, obtenir la pleine liberté de la jeune Mampi et la retirer des mains du prince Imwiko qui l'avait obtenue du père, malgré les protestations réitérées de la jeune fille. Ce fut un précédent qui fit grand bruit et aura de bienfaisantes conséquences pour la société.

Les devoirs de mari et femme sont plus ou moins fixés par l'usage. La femme doit piler et cuire la nourriture, maintenir en ordre la hutte, la plâtrer, piocher les champs ; elle a le soin des enfants. L'homme est le chef du foyer. Il est obligé de procurer à sa femme ce dont elle a besoin comme vêtements, ustensiles, objets de ménage ; il cherche le bois, construit la hutte et coupe les arbres pour de nouveaux champs. Il se sent responsable vis-à-vis des enfants quoique la mère s'occupe plus spécialement des filles. Si le père meurt, ses enfants continuent à être appelés d'après lui et ses parents à lui peuvent les réclamer, les parents de la mère n'ont rien à dire, sauf chez les Batoka où c'est l'inverse.

La *polygamie* est admise pour l'homme, mais la femme n'a pas le droit d'avoir plus d'un mari, sauf les princesses qui sont au-dessus de la loi et en profitent.

h) Mort et funérailles

La mort du Zambézien est tout ce qu'il y a de plus lugubre et terrifiant. Le patient a peur de l'au-delà, du gouffre sans lueur d'espérance qui s'ouvre béant devant lui. Ceux qui l'entourent sont livrés au désespoir. Mille soupçons les assaillent au sujet de la maladie, de ses causes qu'ils attribuent à des influences mystérieuses et malveillantes. Les parents s'efforcent de maintenir le patient assis ; le docteur le frictionne avec des feuilles mouillées, lui fait avaler des remèdes.

Quand tout espoir est perdu on fait sortir tout le monde sauf les parents et le docteur. On ferme les yeux au mourant. Sans attendre que le corps soit froid, on plie les jambes contre le corps, en peloton, les bras sont pliés au coude, les jambes aux genoux. On le frotte de graisse, on orne de perles le cou et la poitrine, afin, dit-on, qu'il ne s'en aille pas comme un chien. On frotte le corps avec de l'écorce parfumée, on le peigne avec les doigts, on parfume ses cheveux. On lui laisse les couvertures qui le recouvrent et on enveloppe le corps dans une peau de bœuf ou dans une natte. A la nuit on se dirige vers la fosse, creusée à 2 m. 1/2 ou 3 mètres de profondeur. Le corps est arrangé sans hâte, avec grand soin, la tête tournée vers le soleil levant si c'est un homme, vers le maître qu'il représente, c'est-à-dire Dieu. Si c'est une femme, la tête regarde au couchant, vers la lune, qui représente la femme de Nyambe, de Dieu. Tout se fait dans un silence absolu. On place près du corps les couvertures, ustensiles, siège, plat, gobelet, bâton, nombre d'objets souvent de grande valeur dont se servait le défunt pendant sa vie. La terre est alors soigneusement tassée. Au-dessus du tout on place un plat en bois qu'on a soin de casser, parfois aussi un tabouret, puis le cortège en ordre inverse rentre en silence. Alors les pleurs qui n'avaient fait que commencer au moment de la mort, recommencent, entremêlés de cris déchirants.

Le veuf ou la veuve ne va pas à la fosse, mais il reste dans la hutte. Quelques parents restent avec lui.

Jadis, à la mort d'un membre de la famille royale ou d'un chef important, on tuait un esclave. On lui cassait bras et jambes, on l'étouffait ensuite et son corps était placé sous celui du mort pour le servir au delà de la tombe ; on brûlait les sorciers. Aujourd'hui, cela est du passé. On ne connaît pas de tombes violées. Le corps d'un prince est placé dans un canot, que les gens portent à bras jusqu'à la fosse afin de ne pas le secouer. Le lépreux n'est pas enterré. Si le fleuve est près, on écarte les longues herbes et on y cache le corps. Le crocodile fera le reste. Loin du fleuve, le corps est placé contre un arbre et protégé par une forte palissade couverte.

Au retour de la sépulture, ceux qui ont accompagné le mort allument un feu d'herbes et doivent marcher dessus ou à côté, pour se purifier, tout en pleurant. Les pleurs continuent du matin au soir pendant trois jours. Parents et amis venant de loin commencent à pleurer en approchant de la hutte, ceux qui sont dans la hutte pleurent en les accueillant. Les visiteurs doivent recevoir de la nourriture, mais ils ne doivent pas passer la nuit. Seuls les proches parents doivent s'arrêter deux jours ; au troisième on leur rase la tête, on les asperge d'eau purificatrice, puis ils rentrent chez eux. Ces coutumes varient d'une tribu à l'autre. Pour le Zambézien, le défunt est bien mort, mais il continue à vivre d'une vie spéciale ; car on s'adresse à lui, on lui prête le pouvoir de se mêler des affaires des vivants. Il sait ce qui se passe sur la terre. Il voit, entend, juge, approuve ou non ce qui se fait chez les siens. Il peut intervenir en bien, mais surtout en mal, pour punir ceux qui l'oublient ou le négligent, en causant des maladies, des accidents. Ils sont donc redoutables, plus encore que lorsqu'ils étaient en vie. Il faut compter avec eux, chercher à les apaiser, à les persuader de rentrer dans leur sommeil.

Les Barotsés ont un cimetière commun pour chaque village. Les princes ont leur lieu de sépulture à part. Ils ne se rendent plus à la tombe, sauf en cas de détresse pour demander la pluie, par exemple, ou en cas de maladie, par ordre du docteur. Les Matotela, au contraire, enterrent leurs morts dans leur cour privée, devant le seuil de leur case, parce que, disent-ils, ils aiment à les sentir encore près d'eux. Les Masubias retournent à la fosse après trois jours pour y verser de la bière. Ils mettent tremper du grain et font la bière d'adieu au défunt, puis ils se séparent. Les suicides sont rares. Nous en avons pourtant connu quelques-uns.

i) *Propriété privée*

La hutte et les champs sont la propriété du mari. Il peut en disposer à son gré. A la mort d'un homme,

son frère, à défaut sa sœur, vient présider au partage de son bien. La veuve et les enfants reçoivent
la grosse part. On donnera les deux tiers à l'aîné, les
autres frères et sœurs se partagent le reste. Les
parents prélèvent ce qu'ils veulent. La veuve n'a rien

Un tombeau dans la cour d'un village

à elle. Tout est aux parents du mari, qui donnent à
la veuve ce qu'ils veulent. Celle qui est sans enfants
reçoit fort peu. Beaucoup de veuves épousent le frère
du défunt pour veiller sur les enfants, mais elles sont
libres de refuser. Les enfants possèdent de droit ce
que le père leur a donné de son vivant, en têtes de
bétail, par exemple. L'oncle prend soin de la part des
mineurs, mais n'a aucun droit d'en disposer, il reçoit

ce que les enfants veulent bien lui donner pour sa peine. Les enfants adoptifs ont leur part, mais moindre que celle des autres enfants. La maison est au successeur et il adopte les enfants. Si la veuve refuse de l'épouser, elle rentre chez elle et est libre. Le successeur peut faire ce qu'il veut de son héritage. Le veuf ou la veuve ne doit pas porter de choses voyantes, ni se promener où bon lui semble. Il ne doit se couper ni cheveux ni barbe avant l'installation du successeur, de peur de faire croire qu'il s'est réjoui de la mort de son conjoint. Dans plusieurs tribus les parents de la défunte sont tenus de la remplacer auprès du veuf, par une de leurs parentes ; souvent une sœur cadette est forcée de se séparer de son mari pour remplacer sa sœur aînée au foyer désolé. La femme peut cependant posséder ce qu'elle cultive spécialement pour elle et ce que lui donnent les parents.

Dans les partages l'arbre fruitier va avec le champ et ne se vend pas séparément. Tel étang et bras du fleuve ne peut appartenir qu'à celui qui succèdera officiellement au défunt. Souvent un neveu est préféré à celui qui, pour nous, serait considéré comme l'héritier légitime, de même qu'un cadet peut être choisi par la parenté, de préférence à son frère aîné. Le caractère et le savoir-faire passent avant le droit d'aînesse. D'autres lois spéciales, rappelant celles des Juifs de l'Ancien Testament, règlent encore les relations de mari et femme et les questions de propriété sont sujettes à des conditions locales.

Le poisson d'un bras du fleuve est au maître de ce bras. C'est lui qui a seul le droit de le barrer. Le sel du pays appartient au roi. Il nomme un gardien. Qui veut prendre de ce sel doit avoir la permission du gardien. Le premier venu peut s'établir en tout lieu abandonné par un précédent occupant. L'emplacement d'un champ nouveau dans la forêt est au premier occupant. Le champ, une fois pioché, un sentier tracé tout autour sert de limite. Les autres n'ont aucun droit à ce qui se trouve dans ce champ. Il n'y a ni taxe ni rente à payer. Tel peut permettre à qui il veut l'usage de son champ pour un ou deux ans, sans rémunération. Si le locataire persiste au delà du temps fixé, l'affaire se traite au khotla.

La propriété personnelle du sol n'existe pas au Zambèze. Tout le sol appartient au roi, il reste inaliénable. Le roi et ses représentants dans tout le pays président au choix des emplacements des villages et des différentes cultures. L'indigène est maître sur son emplacement aussi longtemps qu'il le cultive ou qu'il y habite, ses droits s'arrêtent là. Il ne peut ni donner ni vendre, pas plus ses champs que l'emplacement de sa hutte. Les missionnaires sont maîtres chez eux sur les stations missionnaires dont les emplacements ont été libéralement accordés par le roi. Mais la mission n'a pas le droit d'aliéner un pouce du sol d'aucune des stations missionnaires du Zambèze, sauf à Livingstone où la mission a obtenu de l'Administration les droits de propriété absolue.

j) *Femmes*

Depuis quelques années le jeune homme doit payer de plus en plus cher, chez les uns comme chez les autres, pour que les parents lui accordent la main de leur fille. Les Barotsés exigent jusqu'à dix têtes de gros bétail. Les Batoka, plus rapprochés des centres européens, réclament des prétendants jusqu'à quinze livres sterling avant de céder leur fille. Le lien du mariage en est ainsi consolidé, mais il risque aussi de devenir un marché où l'avantage est au plus offrant et où la jeune fille devient un objet de marchandage, où l'amour n'a plus rien à voir : c'est une spéculation de part et d'autre. Mais la jeune fille a aussi rompu les anciennes chaînes et tend à aller à l'autre extrême. Le libertinage l'attire aux dépens de la maternité.

En général l'enfant craint le père, mais son affection va surtout à la mère. Elle s'est spécialement occupée de lui dès sa naissance, aussi jouit-elle, dans ses vieux jours, d'une vénération spéciale aussi de la part de ses enfants.

k) *Vie en famille*

Le mari se lève en général le premier. En hiver un serviteur se hâte de chauffer l'eau de la toilette, pour laquelle mari et femme emploient le même plat. En été un serviteur se hâte de remplir la cruche où l'eau se rafraîchit, tandis que la femme s'empresse de balayer la hutte et de préparer le déjeuner qu'elle apporte vers 8 heures au mari, dans un plat. Elle se prépare un second plat pour elle-même, et déjeune à l'écart, non loin du mari : on se moque du mari qui mange avec sa femme. S'il a des enfants, le père mange avec les fils, la mère avec les filles. Le père emploie une cuiller pour prendre la bouillie et porte la cuiller à la bouche. Les garçons ne doivent pas porter la cuiller à la bouche, ce serait manquer de respect au père. De la main droite, ils prennent avec la cuiller la bouillie qu'ils mettent dans la main gauche et portent celle-ci à la bouche. L'étiquette l'exige ainsi. De même une femme déshonorerait son mari si elle employait la cuiller en mangeant avec lui ! Des us et coutumes, il ne faut discuter.

Dans la famille on ne se salue pas, à moins que l'un des membres ne vienne du dehors. Dans ce cas celui qui est à la maison doit saluer le premier. La forme polie c'est à la troisième personne, comme le *lei* italien, la *saluto, é ben tornato*. C'est aussi lui qui commence l'entretien, qui pose les premières questions. La femme dit vous au mari, celui-ci la tutoie. Enfants et serviteurs emploient la 3e personne du pluriel en s'adressant aux parents ou à leurs maîtres. Les enfants frappent des mains (Kandelela) pour saluer les parents. On s'accroupit toujours pour saluer. La femme aussi frappe des mains pour saluer son mari, mais celui-ci ne fait que répondre sans frapper des mains. Si l'un des deux conjoints arrive de loin, les époux se baisent mutuellement la paume de la main (tubétana) droite, en la tenant avec la gauche. Ils font de même avec les enfants. Les plus âgés commencent. S'ils se séparent pour longtemps ils se baisent mutuellement la main et se crachotent la face en signe de bénédiction, mais l'enfant ne crachote ni à ses parents ni à un supérieur. La saluta-

Salutation zambézienne

tion consiste à dire : mu sale foo, mu tsamaee foo : restez ici, allez là.

Dans la famille on s'assied ou plutôt on s'accroupit par rang d'âge, le cadet près du père. Ils aiment à avoir des enfants et sont tristes quand ils meurent, mais le père s'en occupe peu. Les parents emploient entre eux un langage parfois très indécent, mais ils s'observent en présence des enfants.

Quand le père est polygame, les liens de famille sont moins intimes. L'union manque et les scènes de jalousie troublent la paix du foyer.

8. Animaux domestiques.

Les Zambéziens sont essentiellement agriculteurs.
Le bétail est leur principale richesse. Jadis les têtes
de gros bétail se comptaient par dizaines de milliers.
La peste bovine qui ravagea, en 1896, le centre et le
sud de l'Afrique, l'a plus que décimé. Depuis lors
diverses épizooties ont sévi et sévissent encore dans
le pays.

La charrue, depuis 25 ans, est de plus en plus
employée. Le bétail fournit aussi le lait et la viande.
Ils employent les peaux comme jupes, manteaux,
tapis ou couvertures de lit. On en fait des courroies.
Il y a dans presque tous les villages de minuscules
brebis et chèvres à poils noirs. Les plus riches ont
souvent une race plus grande à poils clairs, importée
du sud. Des poules minuscules sont partout. Le chien
est très commun ; la race locale est petite. Ils sont
toujours affamés, devant se contenter des détritus
du village. Les races européennes sont très appré-
ciées, soit pour la chasse, soit pour la garde. Le chat
est d'importation récente. Les Européens établis dans
le pays possèdent quelques chevaux, mais peu résistent au climat. Anes et mulets sont plus résistants.

III. La vie publique

1. Gouvernement.

La tribu régnante chez nos Zambéziens est celle des Barotsés. En 1897 elle passa sous le Protectorat de l'Angleterre et fut alors administrée par la Compagnie anglaise de l'Afrique du Sud, compagnie à charte, essentiellement commerciale. Elle donna au pays le nom de Rhodésia du Nord, mais ne fit guère que l'exploiter. Au 1ᵉʳ avril 1924, le pays est passé directement sous le Protectorat britannique. Cette tribu avec celles des Bechuanas et des Bassoutos sont les seules tribus sud-africaines qui, à travers les guerres, les révolutions et les invasions de ces 60 dernières années, aient conservé une grande homogénéité et une autonomie relative. Le chef Lewanika y contribua par sa sagesse et sa prévoyance. Il fut grandement aidé dans cette voie par le missionnaire F. Coillard et ses collègues de la première heure.

De temps immémorial, les cadres de la hiérarchie administrative indigène qui se ramifient dans tout le pays ont été fixés d'une façon très intelligente et plus ou moins immuable. Les fonctionnaires se succèdent constamment d'une façon très bien réglée, sans susciter de désordres. Les préférences des tribus secondaires sont prises en considération. Tels individus plus intelligents ou plus rusés montent successivement divers degrés de la hiérarchie, changeant

Le Roi Yéta III et sa femme

chaque fois de nom avec la nouvelle charge. Le nom de l'individu tombe; celui de la charge reste et passe d'un fonctionnaire à l'autre Toutes les localités, même les plus reculées, de ce vaste pays, les villages, les hameaux, sont sous l'intendance de l'un des grands officiers résidant à la capitale. Celui-ci les administre par l'intermédiaire de toute une échelle de conseillers subalternes. Les différentes tribus conquises à différentes époques par les Barotsés sont sous l'autorité de chefs apparentés aux grandes familles locales, mais ceux-ci doivent constamment consulter les grands fonctionnaires dont ils dépendent ou leur en référer administrativement. Par ce moyen le roi sait tout ce qui se passe dans tout le pays. Sans y être allé, il en connaît en détail la topographie, le nom des villages et des chefs locaux, les ressources spéciales, les impôts qu'on en peut retirer, les événements qui s'y succèdent. On vient de loin soumettre au tribunal de la capitale, les questions difficiles. Le roi est constamment informé par des messagers des décès importants. Ces messagers se présentent au Khotla et déposent devant le roi un morceau de charbon en prononçant le nom du défunt. Des questions sont posées sur les causes de la maladie et le messager est chargé de messages de sympathie pour les affligés. Pour la succession d'un chef local, les principaux du village se consultent d'abord entre eux, ce qui dure parfois des mois. Ils envoient ensuite un messager pour soumettre au roi leur choix qui est en général approuvé. Un délégué spécial ira alors installer l'élu au nom du roi.

Les sommets de cette longue échelle hiérarchique résident à Léalui, la capitale. Ils sont personnifiés en douze *makuambuyu* ou chefs proprement dits et 18 *likombwa*, officiers du roi qui administrent les biens de la couronne. Ces divers conseillers siègent en permanence à Léalui et traitent toutes les questions importantes de concert avec le roi. Chacun occupe toujours la place spéciale que comporte son rang. Les chefs siègent à la droite, les officiers à la gauche du roi. Le *ngambela* ou premier ministre est revêtu d'une autorité exceptionnelle qui dépasse à l'occasion celle du roi lui-même.

Ce premier ministre est la cheville ouvrière de toute la machine administrative. Il introduit toutes les questions, il clôt les débats et informe le roi des décisions prises. Tout doit passer par lui avant d'arriver au roi et c'est par lui encore que passe tout ce que le roi peut avoir à dire à son peuple.

Un conseil privé, présidé par le premier ministre, en présence du roi, étudie et prépare les différentes questions à traiter au *Khotla* (cour de justice). Elles ont force de loi quand le khotla s'est prononcé.

Quelques membres de la famille royale jouissent d'une autorité exceptionnelle. En voici les noms :

1° D'abord Yéta III, le roi actuel, résidant à Léalui.

2° La reine Mokwae, sœur de Lewanika, et tante du roi actuel. Elle réside à Nalolo.

3° Imwiko, l'aîné des frères du roi actuel et son héritier présomptif. Il réside à Séshéké et administre la partie orientale du pays.

Une des enceintes du palais royal

4° Atamgambuyu, fille de la reine de Nalolo, et son héritière présomptive, résidant également à Séshéké.

La reine, sa fille et Imwiko sont les seuls qui, avec le roi, aient droit à la salutation royale, le *shoelela* et qui puissent avoir un *kashandi*, maison spéciale où se réunit le conseil privé qu'ils président. Chacun d'eux, à l'instar du roi, a son khotla, c'est-à-dire ses conseillers et officiers locaux et son conseil privé. Ils jouissent d'une grande autonomie. Mais ils sont tenus d'informer le roi des principales questions traitées. Ils doivent lui soumettre leurs décisions, parfois lui demander conseil. Le roi possède toujours l'autorité suprême et ses décisions prises d'accord avec ses conseillers ont seules force de loi.

Cinq autres membres de la famille royale ont une autorité un peu moindre. Ce sont :

1° Mbwandjikana, tante du roi actuel, résidant à Libonda.

2° Litianyana, cousin du roi, résidant au Mashi et qui administre la partie attenante à la frontière méridionale du pays.

3° Sekufele, un autre cousin du roi, qui gouverne vers la frontière occidentale.

4° Kufuna, fils aîné du roi, jeune homme de 25 ans, qui a la surintendance de tout le bétail royal, disséminé en de nombreux troupeaux dans tout le pays. Le bétail est la principale richesse du roi.

Enfin comme 5° Nguana-wina, un des nombreux frères cadets du roi.

Cette organisation de la capitale se retrouve en

petit, dans des proportions très variées dans les nombreux villages du pays. Chaque village a un chef spécial entouré de ses propres conseillers. Ceux-ci traitent ensemble les questions locales, liquident ce qui est secondaire et soumettent le reste aux grands chefs de districts dont ils dépendent, et ainsi de suite.

Les chefs et conseillers de la capitale se subdivisent encore en cinq autres grands groupes, les *makolo*, chacun d'eux a des attributions spéciales. Par exemple, les ressortissants à Séshéké doivent soumettre leurs questions à un des chefs de *Ndjeminoa*, le plus important de ces groupes, qui, à son tour, en informera le roi. Toutes les responsabilités sont ainsi réglées jusque dans les détails, les questions sont examinées sous toutes leurs faces, avant qu'un jugement puisse être prononcé.

Depuis 1897 le gouvernement anglais a successivement enlevé aux Barotsés d'abord le droit de prononcer la peine de mort, puis celui de juger plusieurs offenses criminelles telles que les blessures et mauvais traitements, les vols, les offenses à la morale, les abus d'autorité. Il restreint la compétence des tribunaux barotsés en prenant la défense du faible sans acception de personnes, ce qui constitue un grand progrès.

2. Guerres.

a) Organisation militaire

Guerres intestines et révolutions, guerres au dehors, razzias, pillages et massacres étaient à l'ordre du jour avant l'arrivée des missionnaires dans le pays. C'est par des guerres de ce genre que les Barotsés étendirent graduellement leur puissance et leur autorité d'abord sur les tribus avoisinant la plaine du Borotsé, leur premier berceau. Peu à peu, leur humeur belliqueuse les conduisit jusque chez les Bakota, les Mashikoloumbo, les Matomoe et autres peuplades à plus de mille kilomètres à l'est. Ces expéditions guerrières s'organisaient au temps de la moisson ou bientôt après, pour ne manquer de rien en route. Pas d'enrôlement ni de préparation spéciale. Tout homme pouvait y participer. Le roi désignait ceux qui devaient rester en arrière ; il les choisissait parmi les plus âgés et les plus dignes de confiance. Il n'y avait aucune limite d'âge. Seuls, les malades étaient exclus ainsi que les femmes et les enfants. Qui ne se sentait pas la force de supporter les fatigues du voyage, restait à la maison. Les paresseux et indolents devaient porter les charges, préparer les feux de bivouac, amasser le bois sec, bâtir les abris provisoires.

Convoqués au son des grands tambours de guerre (*maoma*) dont les avertissements étaient répercutés de lieu en lieu par les crieurs publics, les femmes

Guerriers Barotsés et le Roi Lewanika

préparaient alors en hâte des provisions de farine
tassées dans des calebasses. Les hommes nettoyaient
les fusils, aiguisaient les lames, remplissaient les
cornes à poudre. La veille du départ, les guerriers
exhibaient, en des batailles feintes, toute la bravoure
qu'ils se proposaient de déployer au front. Chaque
chef se mettait alors en route suivi de ses gens, en
file indienne. Les chefs avaient la même autorité
qu'en temps de paix et les mêmes gens les servaient.
Les ordres partaient de la capitale. Le roi, le premier
ministre et quelques grands chefs formaient le conseil
de guerre. Le docteur, ou devin, représentait l'autorité religieuse. Il consultait ses dés pour toute déci-
sion à prendre.

C'est lui qui invoquait la divinité avant de partir,
qui indiquait à quel tombeau d'ancêtre on devait
offrir des bœufs en sacrifice, pour s'assurer le succès
de l'entreprise. Il trempait des queues de gnous dans
ses médecines et aspergeait les rangs des guerriers
en disant : que les lances ennemies soient comme
l'eau, qu'elles ne fassent que voler (sans blesser).

Les régiments marchaient d'après un ordre préé-
tabli. Les espions et avant-coureurs, hommes recon-
nus par leur vaillance, précédaient les troupes. *Moto-
keta*, le 3ᵉ régiment, ouvrait la marche, il était toujours le premier à attaquer. Le roi suivait, entouré
des deux premiers régiments, *Ndjeminoa* et *Kabeti*.
Si les premiers faiblissaient, les moins forts se
mêlaient au combat. Les porteurs de fardeaux étaient
en toute dernière ligne. Le premier ministre faisait

fonction de général en chef. Il donnait les ordres. Il ne s'écartait pas du roi. Il choisissait les espions et leur indiquait ce qu'ils devaient faire. Le rôle d'espion était très ambitionné. Il y avait l'espoir de trouver du butin, de rapporter la tête d'un homme ou un prisonnier. L'attaque se faisait de préférence à l'aube et si possible par surprise. S'il y avait victoire, le même ordre de marche était maintenu au retour. S'il y avait défaite, les hommes s'en retournaient en protégeant le roi, mais si le roi était tué, c'était un sauve-qui-peut général. En guerre tout était permis, on s'emparait de tout, choisissant ce qu'il y avait de beau et brûlant le reste. Tout le butin allait au roi. Qui en gardait pour lui était frappé d'une amende et même tué, car c'était la guerre du roi. Les hommes forts et les vieux du camp ennemi étaient tués, les jeunes gens étaient jetés à terre, liés et emmenés avec les femmes et les enfants comme prisonniers. Le vainqueur devenait le maître, le vaincu l'esclave. Celui qui voulait se rendre, jetait ses armes et se prosternait en frappant des mains ; on le liait alors et on l'emmenait. Pour se rendre en nombre, ils s'approchaient, jetaient leurs armes et envoyaient un messager aux vainqueurs. Ceux-ci prenaient les armes, plaçaient les vaincus à l'arrière, les nourrissaient et leur donnaient à piler le grain et puiser l'eau. Qui ne pouvait marcher était tué. L'espion ennemi était tué, même s'il se rendait. Tout récalcitrant était tué, les déserteurs de même, comme lâches. Les blessés ennemis étaient achevés, les blessés amis amenés au doc-

Porteurs Mashikouloumbo

teur qui employait diverses racines réduites en poudre. Les morts amis étaient enterrés, mais on fendait le ventre à ceux des ennemis et on les abandonnaient. Il était rare que les femmes se battent. Jadis ils combattaient de près avec la lance, de loin avec les flèches, aujourd'hui le fusil remplace les autres armes. Qui meurt en combattant est loué comme un vaillant, mort pour son pays.

Le retour de ces expéditions était une occasion de grandes orgies. On égorgeait plusieurs bœufs, la bière coulait à flots, les danses se prolongeaient toute la nuit. Le roi prenait alors sa part des prisonniers et du butin. Il distribuait à ses guerriers le reste. Le docteur avait sa part avec les principaux. Les vaillants recevaient en signe de bravoure une peau de léopard et une part du butin, parfois même tout un village. Qui avait tué un ennemi était marqué à la craie au front. Femmes et enfants prisonniers étaient distribués à l'égal du bétail, aucun degré de parenté n'entrait en ligne de compte. Le premier ministre concluait en consultant le docteur. Celui-ci ordonnait d'assembler les gens pour rendre grâce à Nyambe ou à la tombe d'un ancien roi. Les causes de guerres lointaines étaient souvent le simple désir de piller et de posséder du bétail. Celles des guerres intestines étaient multiples, l'envie, une simple calomnie servait d'étincelle, deux partis se formaient, tout se tramait en cachette ; un jour la guerre éclatait.

Lewanika se vit ainsi cerné une nuit par les partisans de son premier ministre. Il réussit à s'échapper.

Mais beaucoup de ses femmes, enfants et partisans furent massacrés. Après 18 mois d'exil il put rentrer, aidé de ses fidèles. Il tira vengeance de ses ennemis et reprit son trône. C'était en 1885.

Cet état de choses a pris fin à l'arrivée des missionnaires et grâce à leur influence. L'établissement du Protectorat anglais en 1897 a complété ce que la mission avait commencé. Aujourd'hui la sécurité règne dans le pays ; guerres, razzias et révolutions sont choses du passé.

b) Armes

Aujourd'hui le fusil se trouve partout au Zambèze. Il s'en trouve de tous les âges et de tous les genres, depuis l'ancien fusil à pierre, introduit jadis par les marchands portugais venant de l'ouest pour acheter des esclaves, jusqu'aux fusils les plus modernes. Les bons tireurs et bons chasseurs sont nombreux. Le fusil a mis à l'arrière-plan l'arc et les flèches et modifié l'emploi de la lance.

Jadis, les armes offensives étaient surtout l'arc et les flèches empoisonnées qu'on employait en guerre et à la chasse, la lance et la javeline dont il y avait plusieurs espèces, de même que la hache.

Le roi portait une lance spéciale, le *ngweshi*, les autres portaient le *mokoatso*, forte lance fixée à un manche solide, et plusieurs javelines, lances légères qu'ils lançaient jusqu'à trente mètres. Dans la droite les guerriers portaient encore la *sebanga* légère, hache de guerre, à lame unie, ou la *lubanga*, hache à deux lames. Tels portaient encore un court bâton à grosse tête, espèce de massue à lancer sur l'adversaire ; un couteau sans gaine était fixé à la ceinture. Ils ne connaissaient ni stylet, ni épée, ni fronde.

Les Mashikoloumbo recevaient leurs ennemis, en leur lançant des pierres avec la main. Les flèches avaient des plumes à l'arrière pour assurer la direction. Ils en portaient huit dans un carquois fixé en bandoulière. Elles étaient empoisonnées.

L'arme défensive du guerrier était le *thèbe*, léger bouclier long et étroit en peau de bœuf. L'emploi du fusil l'a rendu sans valeur et l'a supprimé. L'arme défensive de la femme est la pioche qu'elle porte sur l'épaule et dont elle ne se sépare jamais.

Les princesses voyageaient avec une pioche de luxe, à manche d'ivoire. Toutes ces armes étaient forgées avec le fer du pays. L'arc était en bois un peu flexible, tout entouré de fines lanières en peau de serpent. La corde était faite des mêmes lanières. C'était tout un art de savoir se servir de l'arc.

Ils n'employaient ni casques ni masques. Les plus vaillants s'ornaient la tête de crinières de lions, dons du roi en récompense de leurs actes de valeur. Les autres s'ornaient d'une imitation faite avec des poils de bœuf. Tout cela a graduellement disparu.

9. Chasse.

Les indigènes chassent le gibier par tous les moyens possibles, soit seuls, soit en nombreuse compagnie et à tous les moments de l'année. Tels s'approchent en rampant, des troupeaux de gros gibier et se dissimulent comme les Bushmen, vêtus d'une peau d'autruche ou de tout autre animal. Le gibier s'y laisse parfois prendre. D'autres se cachent dans les hautes herbes ou les buissons, ils emploient des trappes surtout pour les fauves, les carnassiers et les rongeurs ; ils empoisonnent les étangs où le gibier va boire. Le fusil a rendu le gibier très craintif. Il se laisse difficilement approcher. Quelques-uns emploient des chiens pour cerner les antilopes, d'autres creusent des fosses profondes qu'ils dissimulent sous des branchages et de l'herbe le long des sentiers fréquentés par le gibier.

Les *Mamboe* étaient célèbres comme chasseurs d'hippopotames. Choisissant le moment où l'amphibie faisait sa sieste à fleur d'eau, ils s'approchaient de lui dans de minuscules canots. Le rameur de l'arrière manœuvrait la rame, celui de l'avant, armé d'une grosse lance guettait le moment de la plonger dans le monstre endormi. Le coup fait, il fallait être lestes pour se mettre à l'abri de la bête en furie. Ils surveillaient de loin les mouvements de la victime qu'ils allaient enfin chercher une fois morte, pour l'amener à terre et la dépecer. Parfois ces chasses avaient une issue tragique.

Presque chaque année, de grandes parties de chasse étaient organisées. Choisissant les grandes plaines fréquentées par le gibier, on fixait presque à fleur de terre une quantité de fers de lances, un peu espacés ; on faisait alors un entourage de plusieurs kilomètres avec des pieux très espacés, unis par une simple corde de feuilles de palmiers aboutissant à l'issue où étaient dissimulées les lances. Le gibier méfiant n'osait sauter la simple corde qui ne pourrait offrir de résistance. Le travail achevé, la foule cachée à l'arrière poussait des cris. Le gibier affolé suivait la corde de feuilles jusqu'à l'issue traîtresse où les lances déchiraient les poitrines. Des centaines d'antilopes étaient ainsi abattues. Cette chasse s'appelait le *loonga*. Tout autre était le *lukasi*. Quand certaines étendues sont envahies par l'inondation annuelle, les antilopes se réfugient sur les monticules émergeant de l'eau. Les hommes alors réunissant tous les canots possibles, vont en foule, armés de lances, cerner le pauvre gibier qui se jette à l'eau et est facilement tué. Le fusil n'est pas admis dans ces chasses-là. C'est un jour de réjouissance générale. Le butin est ensuite partagé, on se régale d'excellente viande et les jolies peaux bien préparées serviront de couvertures ou de tapis très appréciés. Les battues de fauves, surtout la chasse au lion, se font sans préparatifs préalables quand l'un de ceux-ci a poussé trop loin son impudence.

La chasse à l'éléphant est réputée la plus dangereuse et n'est guère pratiquée que par des spécialistes au service du roi à qui ils doivent donner la moitié de l'ivoire. La carrière du chasseur d'éléphant se termine souvent tragiquement.

L'indigène prend les oiseaux au moyen de pièges divers. Il enduit de glu les branches d'arbres où ils se posent. A l'époque où les jeunes oies ne peuvent encore voler, on les poursuit dans de légers canots à travers les herbes de la plaine inondée et on en fait un grand massacre. C'est le *lupua*. Ailleurs d'autres oiseaux par milliers ont caché leurs nids dans des fouillis de roseaux. Bientôt les jeunes pourront voler. C'est le moment psychologique impatiemment attendu. On se rend en foule sur les lieux. Rames et bâtons suffisent pour abattre ce butin à chair tendre, dont les dépouilles remplissent vite les pirogues.

L'excitation et l'allégresse de ces jours de chasse n'a d'égale que celle des grands jours de pêche.

4. Pêche et Engins collectifs.

La pêche à la ligne est peu pratiquée par le Zambézien adulte. C'est l'amusement des gamins, qui attachent une ficelle à un roseau, y fixent une épingle recourbée qu'ils cachent dans un morceau de viande ou le corps d'une sauterelle. Munis de cet hameçon, ils réussissent à capturer des poissons minuscules dont ils se régalent. Au lieu de pêcher à la ligne, l'homme, qui recherche le silence et la solitude, prend son *mowaio*, lance à poisson très pointue armée de nombreuses pointes recourbées en fer et qui est fixée à un long roseau. Longeant la rive, le pêcheur plonge vigoureusement sa lance dans les herbes qui recouvrent l'eau. Il n'est pas rare qu'il réussisse à transpercer plus d'un poisson. Différents

Belle pêche

engins de pêche sont employés suivant la saison et le coin du fleuve à exploiter. Ces engins sont fabriqués sur place par ceux qui les emploient.

Le *seandi* est une grande nasse en roseaux, reliés par des ficelles d'écorce, au moyen de laquelle le pêcheur barre l'embouchure d'un petit golfe pour fermer au poisson le retour au fleuve. A la baisse des eaux, le poisson pris au piège est facilement tué à la lance au fur et à mesure des besoins du pêcheur, qui a ainsi toujours du poisson frais à sa portée. Chaque petit golfe de ce genre a son maître spécial.

Le *mafouta* est une nasse en roseaux, longue et étroite dont l'entrée est toujours placée du côté du courant. Le poisson qui y pénètre ne peut se retourner ; une vingtaine de gros poissons peuvent s'y prendre à la fois.

Le *lingunde* est une autre nasse en roseaux, surtout à l'usage des femmes. Elle a la forme d'un parapluie ouvert sans manche et a aussi une ouverture au centre, pour pouvoir saisir avec la main le poisson qui s'est laissé prendre sous cette cloche.

Le *ndjamba*, le *lukuku* et le *sepaï* désignent d'autres genres de nasses.

Le *kanyandi* est un petit filet que peut manier une seule personne et qui est d'un usage constant.

Enfin le *letloa* est le filet par excellence, ayant trente mètres et plus de long, auquel ont travaillé dix à quinze personnes pendant plusieurs semaines. Le filet achevé, un docteur spécial est requis pour l'examiner ; il y fixe des bouts de bois en guise de flotteurs. Il recevra pour sa peine les premiers et les plus beaux poissons. Les grands villages riverains possèdent un ou deux de ces grands filets avec leurs pêcheurs attitrés qui, pendant une grande partie de la saison sèche, fournissent de poisson les gens du village. Ces pêcheurs reçoivent à la fin de la saison leur récompense. Des amis s'unissent pour avoir un filet qu'ils confient à leurs gens, pour la saison.

Le produit de la pêche est séché, vendu et partagé entre tous, d'après les droits de chacun, stipulés d'avance. C'est pour eux une source de bien-être.

La chasse dans le marais

Il y a enfin le *setindi*, pêche spéciale à laquelle prennent part tous les hommes d'un village et dont profite toute la population. Vers la fin de la saison sèche, quand le fleuve est au plus bas, de grands barrages sont préparés au moyen d'immenses nattes en roseaux, et placées soit à l'entrée de certains petits bras du fleuve, soit dans plusieurs étangs. Quand l'eau n'a plus que 50 centimètres de profondeur, le barrage est placé et toute la population masculine, chefs et esclaves, ayant chacun sa lance, accourt à la fête. Qui en canot, qui dans l'eau, n'ayant pour vêtements que des lambeaux d'étoffe, ils plongent et replongent leurs lances dans l'herbe et dans la boue. Ils attachent à une ceinture improvisée le poisson que la lance ramène à la surface. Ce sont des cris, des rires, un tapage infernal, une joie exubérante. Le résultat de la pêche est souvent fort abondant. Parfois un crocodile s'est laissé surprendre et il n'est pas aisé de le tuer à coups de lances, afin que la pêche puisse se continuer sans danger. Le poisson qui n'est pas consommé de suite est séché et conservé. On l'échangera avec les gens de la forêt contre d'autres produits, ou bien il est vendu pour de l'argent.

5. Voyages et communications.

L'Afrique centrale, révélée à l'Europe par Livingstone et d'autres voyageurs après lui, s'est développée à pas de géants pendant ces quarante dernières années. La région du Zambèze qui nous intéresse a été peu à peu explorée, d'abord par des chasseurs dont on connaît à peine quelques noms, tel un Silva Porto, venant de l'Ouest, vers 1865. Mais Livingstone y arriva un des premiers en 1853, en venant du Sud.

Pour traverser le désert qui sépare le Zambèze de l'Afrique du Sud, Livingstone avait employé le lourd char à quatre roues, le wagon attelé de 16 à 18 bœufs. Il y avait entassé provisions de route, armes, munitions, objets d'échange, médecines. Il était nécessaire de faire ainsi, pour pouvoir traverser ces vastes solitudes, se défendre contre les fauves et supporter la lenteur de la marche et la longueur du voyage, surtout pour lutter contre la fièvre. C'est le char à bœufs qui a le mieux contribué à ouvrir la région du Zambèze à la civilisation, à la rapprocher de l'Europe. En 1905, la voie ferrée atteignait le Zambèze et on inaugurait le pont audacieusement jeté d'une rive à l'autre, en face des grandioses chutes Victoria. De là la voie ferrée a continué sa route vers le nord, pour atteindre le Congo en août 1918. Le pays des Barotsés a été laissé de côté. Il ne bénéficie pas moins de ce voisinage. En 1886 nous avons dû, à grands frais, mettre onze mois pour nous rendre d'Italie à Séshéké sur le Zambèze. Nous pouvons aujourd'hui faire le même trajet en 25 jours avec infiniment moins de frais ; mais ces détails nous ont conduit à côté de notre sujet qui est d'indiquer comment on voyage au Zambèze même, et quels moyens de locomotion on y possède. Commençons par la voie terrestre.

Voie terrestre

Ce que nous appelons *grande route* en Europe n'existe pas au Zambèze. Le pays est sillonné de sentiers plus ou moins battus, tous de même largeur ; il faut être Zambézien pour savoir s'orienter. Les points de repère sont rares. Il n'y a rien pour aider le voyageur et l'Européen sans boussole perd facilement la direction des quatre points cardinaux. L'indigène au contraire s'oriente toujours. Il discerne la direction du soleil ou des étoiles, il reconnaît si l'empreinte est ancienne ou récente, si elle est du jour même ou de la veille, si elle est d'un homme, d'une femme ou d'un enfant, si l'individu était ou non pressé, autant d'indices qui nous échappent et qui ont leur importance. Il discerne quelle est la grande route et le sentier moins fréquenté, le sentier du bétail, celui du gros gibier ; un petit morceau de bois ou un brin d'herbe en travers du chemin lui dira que tel sentier est à éviter. Il saura par un nœud à une touffe d'herbe, qu'il s'approche d'un village. S'il a déjà passé par là, il trouvera une infinité d'indices pour le guider. Les distances sont évaluées en indiquant où le soleil se trouvera dans le ciel quand on arrivera ; mais ces renseignements sont très élastiques et réservent de pénibles surprises, car l'allure de l'indigène varie beaucoup.

Son ouïe, bien exercée, lui permet d'entendre de très loin l'aboiement d'un chien, le chant d'un coq, le bruit du pilon dans le mortier ou celui des voix et de se diriger en conséquence.

Seul l'usage consacre les sentiers unissant entre eux les villages ; rien n'est fait pour les maintenir ou les améliorer. Qu'un arbre sec ou une branche tombe sur la route, personne ne l'enlèvera. On la contourne plutôt et un nouveau sentier remplace l'ancien, tant que le feu n'aura pas fait disparaître l'obstacle. D'autre part l'indigène ne se gêne nullement de piocher et ensemencer le sentier attenant à son champ, obligeant ainsi le voyageur à un détour. Dans des occasions exceptionnelles, le passage du roi par exemple, une route plus large est tracée, mais rien n'est fait pour l'entretenir, herbes et buissons ne tardent pas à en reprendre possession.

On ne rencontre pas au Zambèze comme en d'autres pays africains, des caravansérails, des abris spéciaux pour voyageurs. Les indigènes voyagent en caravanes, se font des abris provisoires de branches d'arbres où ils passent la nuit. Chacun peut en profiter, mais au bout de peu de temps, ils présentent trop d'inconvénients pour qu'on s'y arrête ; un Européen préférera toujours un nouvel abri, ce qui donne du reste peu de peine, les matériaux étant à portée de chacun. Dans les villages, le voyageur s'adresse au chef qui lui trouve aisément une hutte et un plat de farine pour le repas du soir. C'est le minimum de l'hospitalité.

Les Zambéziens voyagent de préférence en compagnie. Le voisinage des fauves en fait une mesure de prudence, mais ils ne craignent pas de voyager seuls. S'ils sont nombreux, ils vont toujours en file indienne. Le sentier se prête rarement à ce que deux amis marchent de front. L'indigène en voyage ne s'embarrasse pas de bagages superflus. Une couverture enroulée dans sa natte lui suffit avec un peu de farine ou de grain dans une calebasse et un pot pour cuire. C'est tout. Si deux voyageurs se rencontrent, ils s'accroupissent en face l'un de l'autre et claquent des mains, pour se saluer. Le plus important des deux adresse le premier la parole. Si ce sont deux amis, ils se baisent mutuellement la paume de la main droite et la conversation s'engage agrémentée d'une prise de tabac. La parenté est passée en revue, les principales nouvelles échangées. Un nouveau claquement de mains clôt l'entretien et chacun reprend sa route. Quand un chef se met en voyage, plusieurs serviteurs l'accompagnent, un serviteur ouvre la marche, les autres suivent leur maître et portent sur leurs épaules ses paquets. Le chef ne porte que le fusil, à défaut, la lance. Si sa femme l'accompagne, elle marche derrière lui en portant ses hardes sur la tête. On voyage en général à pied. Seul l'Européen, s'il le peut, voyage à dos de mule ou de cheval, le sable profond si fréquent rendant la marche trop pénible.

La dame européenne voyage rarement. Elle emploie alors le hamac. Si c'est en famille, on emploie le char à bœufs. Les marais compliquent souvent la route. Il est rare qu'on y remédie par des bois et branchages, pour consolider le sol. Il faut alors les contourner. Il arrive que les gens d'un village voisin connaissent un passage où le sol est sablonneux, la traversée se fait alors sans difficultés. De petits canots sont placés aux gués des rivières et des passeurs traversent le voyageur contre une petite paie. Les quelques *ponts* que l'on rencontre, sont très rudimentaires. Ils consistent en de longs piquets fortement enfoncés dans le lit de la rivière, de longues perches liées avec de l'écorce d'arbres les unissent en forme de double palissade qui émerge de l'eau. Le voyageur s'y cramponne pour franchir l'obstacle.

6. Moyens de transport.

Les transports par voie terrestre se font surtout par porteurs. Le poids moyen des charges est de 20 à 30 kilos. Les colis, si possible, sont faits de façon à pouvoir être fixés aux deux bouts d'un fort bois, le *motio*, que le porteur charge sur son épaule. Les colis attachés à l'avant et à l'arrière doivent s'équilibrer le plus possible. C'est à regret que l'homme porte sur la tête ce qui est encombrant. Les colis trop lourds pour un seul homme et qui ne peuvent être divisés, sont fixés à une forte perche portée à deux, l'un marchant derrière l'autre, le colis entre les deux porteurs. Les colis plus lourds encore sont fixés sur une espèce de litière portée à quatre. Aucune bête de somme n'est employée.

Depuis quelques années, les indigènes ont inauguré une espèce de traîneau triangulaire, à défaut, un canot, auquel sont attelés 4, 6 ou 8 bœufs suivant le cas. Ces traîneaux d'un nouveau genre sont employés, soit pour amener le grain des champs, soit pour les déménagements en famille, soit pour transporter les malades. C'est dans un canot de ce genre que la reine Mokwae, de Nalolo, se rend tous les dimanches au culte. Le char à 2 ou 4 roues, introduit par les Européens, est d'un usage très limité. Peu d'indigènes l'emploient.

Voyages et transports par eau

Le Zambèze est la grande voie de communication du pays et le tronc d'arbre creusé a été à peu près le seul moyen de navigation employé par les Barotsés jusqu'à ce jour. Ce canot ne varie que dans sa grandeur et sa capacité, allant du minuscule canot long de 2 à 3 mètres, manœuvré par un seul homme, aux canots de 20 à 25 mètres de longueur que manœuvrent quinze ou seize pagayeurs. Tous sont faits d'une seule pièce et ont plus ou moins la même forme. Différents bois sont employés pour les canots : tels que le *mongongo*, bois très léger et insubmersible, mais de peu de durée, un an au plus. Le *mokhoa* insubmersible également, dure davantage, surtout quand toute trace d'aubier a disparu. Les canots en *mokhusi*, bois très dur, peuvent durer de dix à douze années, mais ils sont lourds et coulent à pic en cas d'accident. Les canots préférés sont ceux faits en *motsaoli* et *mwande*, l'acajou du pays d'un joli rouge et qui flottent en cas d'accident.

Le creusement d'un canot se fait à plusieurs ouvriers. Tout homme qui peut en supporter les frais peut choisir son arbre dans les bois et en faire faire un canot. Un chef se rend sur place avec ses gens et profite de l'occasion pour creuser deux ou trois

Flotille royale à Séshéké

canots. On est souvent à quelque cent kilomètres du fleuve et le tirage jusqu'au fleuve, à bras d'hommes, est long et pénible. Le plus souvent le roi charge un chef d'organiser la confection de 20 ou 15 canots. 15 hommes ou plus sont choisis pour ce travail, et les villages voisins ont mission de puiser dans les greniers du roi, disséminés dans le pays, le grain nécessaire à l'entretien de cette équipe, jusqu'à achèvement du travail. Cela peut durer plusieurs semaines. Les ouvriers, munis de haches et de pioches, émondent l'arbre choisi, creusant à profondeur d'homme, tout autour du tronc. L'arbre abattu, le tronc est équarri des deux côtés à la fois. Un homme spécialement habile marque alors du côté de la base où doit commencer l'avant du canot, et du côté de la cime où doit être l'arrière, et l'équarrissage continue avec plus de soin. Quand tous les canots requis sont ainsi préparés, de petits trous sont percés près des bords des canots, on y passe de fortes cordes d'écorce qui servent à tirer les canots au fleuve, avec accompagnement de cris et de chants de circonstance. Aujourd'hui on emploie les bœufs pour ce pénible travail de tirage. Le chef qui a dirigé ces travaux reçoit un canot pour sa peine. Le travail des autres comptera pour les douze jours de corvée annuelle qu'ils doivent faire pour le roi. Après quelques mois, ces canots grossièrement équarris, sont soumis à un dernier rabotage, par les soins d'un expert. Ils sont alors prêts à être employés. Les Zambéziens n'emploient ni radeaux, ni canots d'écorce, ni canots de peaux, ni barques faites de plusieurs planches, sauf pour confectionner la barque royale, la *Nalikuanda*. Cette barque doit être refaite à neuf chaque année.

Pour construire cette barque royale, plusieurs canots sont mis en pièce ; le fond et les côtés soigneusement rabotés sont fixés les uns aux autres, soit par de gros clous de leur propre fabrication, soit par des coutures de solides cordes d'écorce. C'est un travail de longue haleine dont les Barotsés sont très fiers. Un abri fait avec de jolies nattes et surmonté d'un animal sculpté en bois, éléphant, girafe, etc., recouvre le milieu de la barque, à la place où le roi s'installera avec tout son attirail, y compris sa cuisine. Le cuisinier peut même faire du feu à bord, chose inouïe pour les Barotsés. Cette barque est manœuvrée par 50 rameurs choisis parmi les chefs. Ils s'affublent, pour l'occasion, de costumes spéciaux, peaux de bêtes aux reins, crinières de lion sur la tête.

La *Nalikuanda*, c'est son nom, est employée deux fois dans l'année. D'abord, pour amener le roi à sa résidence d'été dès que l'inondation envahit la Capitale, et pour l'y ramener dès que l'eau s'en est assez retirée. Ces voyages sont l'occasion de grandes réjouissances, comme une fête nationale annuelle souvent décrite par les missionnaires.

Les voyages sur le fleuve ont pour tous un grand attrait, malgré les dangers qui y sont inhérents. Il y a des rapides où plus d'un voyageur a perdu son canot, parfois la vie. L'hippopotame qui guette le canot, réussit souvent à le briser ou à le couler, soit

par malice, soit pour protéger sa progéniture. Le
crocodile est là, partout présent, toujours prêt à hap-
per le voyageur imprudent. Parfois, il pousse son
impudence jusqu'à soulever d'un coup de queue la

La Nalikuanda

pirogue pour faire tomber à l'eau le voyageur et
s'emparer de lui.

Le fleuve est au centre même de la vie des Zambéziens. Il constitue la gloire et la richesse du pays. Il
y a une grande poésie dans tout ce qui s'y rapporte.

Les Zambéziens rament en se tenant debout, sauf
quand ils sont dans de minuscules pirogues à un ou
deux rameurs. Le rameur le plus habile se tient à
l'arrière, d'où il surveille le mouvement de l'équipe.
Muni de sa rame, c'est lui qui donne au canot sa

direction voulue. Un autre rameur expérimenté se
tient à la poupe pour voir en avant et éviter à temps
les écueils. C'est encore la place du chef des rameurs
qui n'est pas nécessairement le plus habile. Deux ou
trois rameurs sont à l'avant, ·la majorité est en
arrière ; leur nombre dépend de la dimension du
canot. Le voyageur s'installe au milieu avec son attirail de voyage. On ne voyage que de jour. Au soleil

On part en voyage

couchant, le campement est dressé pour la nuit. Les
Zambéziens excellent à improviser des abris de
branches, de roseaux ou de chaume. Les feux de
bivouac ne tardent pas à pétiller. Le campement du
soir a un grand charme. La gaîté est générale et les
causeries se prolongent tard dans la nuit.

Deux espèces de rames sont employées. La plus
commune est longue, arrondie au bout ; l'autre,
employée surtout par les pêcheurs qui rament en se
tenant assis dans leurs minuscules pirogues, est plus
courte, plus légère et faite en pointe. Dans les plaines

inondées et les marais, on emploie une rame four-
chue pour trouver un point d'appui sur les herbes et
racines du fond.

Aucun genre de voile n'est employé, les longs
canots étroits presque à fleur d'eau ne s'y prêtent pas.
Le travail de ramer est essentiellement l'affaire de
l'homme, mais plusieurs femmes savent, à l'occasion,
manier la rame. Bien des superstitions se rattachent
aux voyages par eau. Il est défendu de siffler de
crainte de soulever le vent. Des bruits étranges sont
de mauvais augure, mais en général une grande
gaîté prédomine tout le long du voyage.

7. Musique.

a) Instruments

Comme plusieurs tribus africaines, les Zambéziens
aiment beaucoup la musique vocale et instrumen-
tale. Leur musique a des traits spéciaux difficiles à
décrire. Le phonographe serait ici d'un grand secours.
Eux-mêmes n'ont rien écrit. Leur rythme est étrange.
Leur musique est généralement accompagnée de
paroles sous forme de soli et de chœurs avec claquements de mains, mimique, tambours, serimba. On
y recourt en toute occasion : fêtes, danses, deuils,
guerres. L'attitude, les gestes, les modalités tout revêt
un cachet spécial que seul le cinématographe pourrait rendre. Danses et chants vont ensemble pour
fêter chaque nouvelle lune, pour saluer le retour du

roi ou d'un grand chef, le retour des chasseurs d'éléphants, ou la mort d'un lion, ou d'un léopard. Les
femmes chantent soit en travaillant aux champs,
soit en plâtrant les huttes des chefs.

Elles chantent le soir, en ramenant de la forêt la
jeune fille nubile. On chante aux mariages, à la moisson, ou simplement pour se réjouir au clair de lune,
les jeunes filles s'amusent en chantant et dansant.
Chaque tribu a ses chants et ses danses spéciales.

L'orchestre du roi

Le roi a son orchestre qui se compose de deux
serimba, xylophones faits avec 12, parfois 13 pièces
de bois plates et très minces. Chaque pièce est fixée
sur une longue calebasse coupée à sa base pour donner de la résonance. C'est un genre de piano portatif.
Le joueur le porte au moyen d'une courroie retenue
à l'épaule. Il tient dans chaque main une légère
baguette à bout de caoutchouc avec laquelle il frappe
sur les planchettes comme sur les touches d'un piano.
Des tambours de formes diverses constituent l'ac-

compagnement. Cet orchestre suit le roi quand il sort, pour siéger au Khotla, ou pour se rendre en quelque autre lieu ; il joue souvent dans la journée devant la maison du roi et jusque tard dans la nuit pour assurer le roi que l'on veille à sa porte. Le joueur possède un volumineux répertoire de chants sérolsés et d'autres tribus. Ces musiciens louent le roi, ils exhaltent les hauts faits d'anciens héros, les charmes du fleuve ; il y a des chants de chasse, de pêche, de guerre ; d'autres, pour célébrer des événements spéciaux. Seuls, le roi et la reine de Nalolo ont le privilège de posséder un orchestre.

Il y a plusieurs sortes de tambours :

1° Les *maoma*, creusés dans un gros tronc d'arbre, sont des tambours très lourds et très évasés qu'on ne tient qu'aux deux capitales. On les emploie pour rassembler les gens en temps de guerre, on les entend de fort loin.

2° Le *mokubele*, fait d'un tronc d'arbre entièrement évidé et recouvert aux deux extrémités d'une peau sur laquelle le joueur frappe en même temps avec les mains, des deux côtés à la fois.

3° Le *morupa*, tambour ordinaire que tout chef a le droit de posséder. On le rencontre dans chaque village ou hameau, et on l'entend en toute occasion.

4° Le *kafukufuku*, tambour spécial aux gens de la forêt, Matotela, Batoka, est un tambour très léger à porter. Il accompagne les corvées, le tribut qu'on apporte au roi en longue file indienne, le tirage des canots, les chefs de la forêt en voyage. Au lieu de frapper sur la peau tendue, celle-ci est percée au centre, où se trouve fortement fixé le bout d'un roseau qui sort à l'autre extrémité du tambour. Pour jouer, on tire ce roseau en le frottant contre la peau.

5° Le *kangombéo* est un minuscule piano à main que presque tout homme possède et emploie. Il consiste en une mince planche de bois dur de la grandeur de la main sur laquelle sont fixées dix minces languettes en fer. On le tient légèrement entre les deux mains et on en joue avec les deux pouces. Pour obtenir plus d'ampleur, un trou est percé au milieu de la planche et on place sous l'instrument une petite calebasse évidée dont on a enlevé une pièce d'un côté.

On rencontre divers types de kangombéo. Ils diffèrent dans la forme, et les touches sont placées différemment. Le *kangombéo sérotsé*, par exemple, est plus allongé et la gamme se fait de droite à gauche. Au *kangombéo sekwangwa* les deux gammes commencent au milieu où se trouve la basse, et elles sont en sens opposé. *Le sembunda* a deux rangées de touches superposées. On rencontre ce *kangombéo* partout, on l'entend à toutes les heures du jour et de la nuit. Il a ses artistes qui en tirent des mélodies régulières et rythmées. Les solitaires charment leur solitude en jouant la nuit, accroupis auprès d'un petit feu.

Le *kambuli* est un arc tendu avec une petite calebasse vide au centre de la corde, que le musicien pince en jouant.

Le *kandile* est un tambour minuscule, genre kafukufuku. Les bergers conduisent et ramènent leurs troupeaux en soufflant dans leur *phala*, petite corne d'antilope.

Les gens de la forêt employent encore le *ngongi*, double clochette sans langue qu'on tient d'une main pendant que de l'autre on la frappe avec un morceau de bois.

Le *ndjamba*, est une pièce de bambou avec une longue fissure au milieu et des entailles échelonnées que l'on frotte avec un roseau. Cette musique rappelle la crécelle.

Les Zambéziens ne possèdent rien qui rappelle la flûte, la trompette, ni même le cor de chasse. Ils aiment écouter la musique européenne. Ils apprennent aisément les mélodies, mais ils ont de la peine à chanter les notes hautes.

b) Danses

Le Zambézien est passionné pour la danse. Toute danse est généralement accompagnée de chants, de claquements de mains et du tambour. Telle danse est un réel exercice artistique que les connaisseurs suivent de près avec un vif intérêt, critiquant tout mouvement qui n'est pas selon les règles.

Le *ngomalume* se danse entre hommes, au lendemain soir de chaque nouvelle lune ou lorsque le roi rentre d'un voyage. S'étant attaché de nombreuses queues d'animaux autour de la ceinture, ils restent fixés sur place pendant que tous leurs muscles sont mis à contribution, le corps frémit de la tête aux pieds : la transpiration ruisselle de toute part.

Danse

Les femmes, pendant ce temps, dansent de leur côté le *liwale* qui consiste à remuer les reins sans bouger de place. Les Masubia ont une danse analogue qui consiste à remuer tout le corps pour représenter la tige de roseau qui tremble au milieu du courant.

Après une chasse fortunée au lion, tous les hommes présents dansent en l'honneur des chasseurs, en imitant les mouvements du lion et de ceux qui l'ont attaqué. Ils évoquent les phases de la lutte. Il y a la danse du buffle, de l'éléphant, de l'élan, de telle antilope.

Les Matotela ont leur danse spéciale qu'ils exécutent, par exemple, à l'installation d'un chef ou même d'un simple mortel qui a un parent défunt, dont il prend la place et le nom.

L'arrivée du roi ou d'un grand chef dans une localité est une occasion où toutes ces danses sont exécutées. Vieux et jeunes, hommes et femmes y participent. Qui fait le timide ou juge au-dessous de sa dignité d'y participer, est mal jugé, comme s'il était mécontent de l'arrivée du roi.

Le *sepelou* est dansé au clair de lune. Hommes et femmes dansent ensemble, surtout la jeunesse. Ces danses se prolongent dans la nuit et sont facilement l'occasion de scènes d'immoralité, aussi sont-elles prohibées par beaucoup de chefs et hors la loi, quoique souvent pratiquées.

Danser pour un Zambézien ne signifie pas nécessairement remuer les jambes et sauter comme pour une danse européenne. Dans bien des danses, on chante, surtout en claquant des mains, en faisant la révérence, remuant les épaules, le buste, tout en tenant les jambes immobiles. C'est ainsi que les Masubias dansent aux tombeaux, en certaines occasions.

Le *liala* est une danse de ce genre, avec tambour, chants et claquements de mains pendant qu'un docteur administre sa médecine, en certains cas de folie, neurasthénie ou autre.

Il y a plusieurs genres de *danses masquées*, ou *makishi*, exécutées par des professionnels qui vont de lieu en lieu, en troubadours modernes. Ils reçoivent par ce moyen divers cadeaux. Tel imite un animal, tel autre s'affuble d'un masque grotesque.

Le *nalindele* est le danseur qui s'habille comme

Danseur

une femme, en tenant en main une pioche, l'outil inséparable de la femme.

Dans le *mondjamba*, le danseur s'orne d'une crinière. Il revêt une maille en cordes, se ceint de nombreuses peaux de bêtes, et poursuit les spectateurs. A l'arrivée de ces danseurs dans un village, la jeunesse des deux sexes les accueille avec joie. Un jeune homme s'empare de suite du tambour et la danse commence avec soli et chœurs, pendant que le danseur gesticule aux acclamations de ses admirateurs. La scène recommence le lendemain et ne cesse que lorsque le chef du lieu a récompensé les danseurs de leur peine.

Quoique moqueurs de nature, comédiens dans l'âme, imitant et caricaturant à la perfection le langage, la démarche, les manières d'un tiers, les Zambéziens n'ont pas poussé plus loin leur amour de la comédie ou du drame. Ces danseurs de profession sont des cas isolés, leur art s'arrête là. On discerne quelques rudiments de l'art chez les jeunes garçons qui s'exercent à construire des huttes minuscules, à représenter les scènes de la vie journalière ; ils jouent aux bergers avec des pièces de bétail en terre glaise et autres jeux analogues. Les fillettes jouent à la reine et aux esclaves qui la servent, mais ces vélléités comiques cessent vite avec l'âge.

9. Le feu.

D'après la légende Kamonu, le premier homme
apprit à faire du feu en voyant Nyambé « feta »,
c'est-à-dire frotter deux bois l'un sur l'autre, comme
les Zambéziens le pratiquent encore aujourd'hui.
D'après une autre légende, le *feu et l'hippopotame*
étaient jadis grands amis. L'hippopotame faisait de
fréquentes visites au feu, lui parlait, mangeait chez
lui. Un jour l'hippopotame invita le feu à lui rendre
sa visite. Celui-ci l'avertit qu'il en serait effrayé. En
effet, un jour, l'hippopotame entend un grand bruit
dans la forêt. L'hippopotame s'écrie : « Est-ce toi, mon
ami ? — Oui, répond le feu. Me voici arrivé. » L'hippopotame attend jusqu'au moment où ses poils
commencent à brûler. Il se réfugie alors au fleuve.
Depuis lors l'hippopotame hait le feu et n'a plus
de poils. D'après une autre légende, hommes et
femmes vivaient jadis séparément. Ceux-ci man-
geaient une nourriture crue et fort peu soignée. Les
femmes, au contraire, cuisaient leurs aliments. Un
jour les hommes déléguèrent l'un d'eux chercher du
feu chez les femmes. Celui-ci fut si bien accueilli
par le beau sexe, il y trouva une nourriture si appé-
tissante qu'il préféra se fixer chez elles, sans plus
retourner chez ceux qui l'avaient envoyé. Un second
messager fit de même, puis un troisième. Enfin, tous
les hommes passèrent du côté des femmes et le foyer
familial fut dès lors fondé. C'est au coucher du soleil

que s'allume dans chaque cour un petit feu, toujours à la même place. Celle-ci est marquée par un creux plâtré, entouré d'un bourrelet de terre battue. C'est le foyer autour duquel les membres de la famille passent la soirée. Et même dans les villages presque désertés de pauvres vieilles femmes, laissées à la garde des foyers, en l'absence du mari, allument et entretiennent leurs petits feux, ce qui donne chaque soir de la vie au village. On conserve le feu au foyer en couvrant les braises de pots cassés. En voyage on ne transporte pas le feu, mais seulement le *lufeto*, l'attirail pour en faire, les deux morceaux de bois et l'étoupe sur laquelle doit tomber l'étincelle. Les voyageurs gardent aussi de l'herbe bien sèche. Tels emportaient des braises dans un pot cassé. Les *Mawiko* et *Mambunda* de l'ouest font du feu en frottant deux pierres au lieu de bois, la première étincelle tombe sur l'herbe préparée à cet effet. A l'occasion d'un nouveau roi on « feta », on produit le nouveau feu au Khotla et chacun y vient prendre le feu pour son foyer. A la mort de Lewanika tout feu fut éteint à la capitale jusqu'à la nomination de son successeur parce que c'était lui, le Roi, qui avait produit le feu employé pendant son règne. Une fois le feu obtenu au Khotla on conserve suspendus les bois dont on s'est servi jusqu'à ce qu'ils tombent en poussière. Le feu était la seule lumière. Ils allumaient aussi un morceau de charbon imbibé d'huile. Puis ils apprirent à faire des bougies de cire. On ne chauffe pas les maisons. En cas d'incendie, tous doivent aider. Les incendies de prairies sont fréquents pendant la saison sèche et constituent un grand danger. En cas de vent le crieur public ordonne l'extinction de tous les feux.

IV. La vie sociale

1. Princes.

Le roi est bien le chef de la nation. Mais son autorité est limitée et contrôlée par son conseil dont le Ngambela ou premier ministre est la tête. Son pouvoir, son influence sont même plus réels, plus étendus que ceux du roi. Les princes et membres de la famille royale ont une situation à part. Ils jouissent de privilèges spéciaux. Ils sont considérés comme appartenant à une race supérieure qui a du divin en elle. Le roi, la reine, les princes, la maison du roi et tout ce qui lui appartient sont choses sacrées. On s'agenouille et on frappe des mains sur leur passage. Tout ce qui leur appartient jusqu'au plus petit objet doit être porté sur les deux mains. On frappe celui qui entre dans la barque royale sans autorisation spéciale. Le roi est considéré comme l'égal de Dieu déjà de son vivant. Il est adoré comme une divinité après sa mort. Le nombre de princes est innombrable. Les Barotsés tiennent beaucoup aux relations de parenté. Ils cultivent, font sans cesse revivre le souvenir des ancêtres en donnant leurs noms à leurs enfants. Les divers noms propres dont se servaient les ancêtres pour distinguer chaque tête de bétail, leurs chiens, leurs canots, leurs huttes, leurs armes et outils, etc., sont redonnés de père en fils aux objets correspondants qu'ils possèdent aujourd'hui. Chaque tête de bétail, chaque chien, chaque canot, etc., a son nom spécial, puisé dans les anciens souvenirs de la famille. Les membres de la famille royale ont encore plus que d'autres le culte du passé, font remonter bien loin leur origine. Ils sont légion. On les désigne sous le nom de *nabi*, nom générique pour quiconque a du sang royal dans les veines à quelque degré que ce soit. La ligne féminine compte au même degré que la masculine. Elle ne diminue en rien les droits à l'héritage. Chez plusieurs tribus secondaires, les Matotela, Matoka, Mashikoloumboe, par exemple, le fils d'une sœur succède plus souvent à son oncle qu'un fils direct. Les princesses ont le droit de choisir elles-mêmes leur époux et de changer de mari quand bon leur semble. Elles sont au-dessus de la loi en cas d'adultère, on ne peut comme aux autres leur infliger des amendes. Aussi ne va-t-on pas chercher chez elles des modèles de fidélité conjugale. Tout mari de princesse est appelé un *Ishee*, genre de prince consort anobli pour un temps par le choix de son épouse. C'est souvent un esclave qui devient de ce fait un homme libre. Il jouit du privilège de membre de la grande famille royale tant qu'il reste le mari attitré. Mais il doit toujours céder le pas à son épouse. Il doit se tenir en arrière d'elle en publie et la saluer d'après toutes les règles d'un simple sujet. Il la représente au khotla, lui sert de porte-parole et l'informe de la marche des discussions. Ce rôle de prince consort est très recherché et bien des jeunes servent de maris à des princesses plus âgées qu'eux. Mais en cas de séparation, les enfants suivent la mère. Le père rentre dans l'ombre.

Etre prince ne donne pas nécessairement droit à une position importante dans le conseil de la nation. Ce poste dépend surtout de l'intelligence et du savoir-faire de l'individu. Plusieurs des grands dignitaires n'appartiennent pas à la catégorie des princes : le premier ministre actuel, par exemple. C'est dans ce milieu des princes que se formaient jadis les germes des révolutions. Les mécontents ou ambitieux choisissaient à un moment donné tel prince, lui procuraient des adhérents et soulevaient le peuple contre le roi. Le sang coulait et le vainqueur usait de cruelles représailles envers ses ennemis.

A part le poste de reine de Nalolo, toujours réservé à une parente très rapprochée du roi et celui des deux chefs de *Séshéké* réservés, l'un à un fils ou frère du roi, l'autre à un enfant de la reine, tout autre poste peut être occupé par quelqu'un dont les capacités sont reconnues indépendamment de son origine.

Des lois spéciales régissent toutes les fonctions se rattachant au service du roi. Aucune femme ne peut aider ni pour la préparation ni pour la cuisson de la nourriture royale. C'est le privilège des *mabuto*, jeunes gens de sa garde. Mais une jeune fille, non encore nubile, tamise sa farine. Le titre de « *mère du roi* » équivaut à celui de mère de Nyambe, Dieu. Une lan-

Alaugambuiu, la Mokwaé de Séshéké, fille de celle de Nalolo

gue très spéciale, comprise par les initiés, est employée pour tout ce qui appartient au roi ou qui a rapport à lui.

2. Peuple.

Il est difficile de définir ce qui compose le peuple, au Zambèze. Les degrés de l'échelle sociale sont en nombre infinis et vont sans interruption, du roi qui est au sommet au plus humble esclave ; chacun a sa charge spéciale, son titre, chacun a sous lui quelqu'un qui dépend de lui.

La foule que l'on coudoie dans les capitales se

Mukululu et sa famille

compose des chefs des villages grands et petits du pays et de leurs conseillers, dont un grand nombre sont, à leur tour, chefs de districts ou de villages moins importants. A part quelques princesses de haut rang, les femmes ne participent pas aux affaires publiques. Elles constituent le gros du peuple qui doit travailler et qui n'a rien à dire. Elles ne sont jamais consultées en public, mais par contre elles doivent participer aux corvées des champs et du village comme à tous les travaux du ménage, aussi longtemps qu'elles en ont la force. Jadis, elles étaient simplement traitées comme du bétail, portant les charges de la famille, sans en avoir ni les privilèges ni les joies. Leurs aspirations en conséquence étaient restées très terre-à-terre. Aujourd'hui, le vent de l'émancipation s'est aussi levé pour la Zambézienne, elle relève la tête et prend conscience de ses droits. L'homme a aussi appris à considérer la femme comme une compagne et non plus comme son esclave.

Usages

Il n'y a pas de règles pour désigner les noms d'hommes ou de femmes. Beaucoup de noms sont donnés indifféremment. Cependant plusieurs noms ne sont donnés qu'aux hommes : tels que *Kamwe* (soleil), *Sebongo* (vautour), *Semaseko* (nuit), tandis que la forme Namaseko (nuit) n'est donnée qu'aux femmes. Une jeune femme, en devenant mère perd son nom de jeune fille et sera désormais appelée du nom de son enfant avec le préfixe *ma*, mère de. Ce qui implique aussi une forme honorifique, polie. De même un homme change de nom quand il succède à un chef. Appeler une personne de qualité par son nom d'enfant, c'est la déshonorer. Il prend alors le nom de la charge. A la mort d'un parent, *les Masubia* et *Matotela* par exemple prennent un frère ou un enfant du défunt, et le *tolisa*, l'installent en lieu et place de celui-ci ; une fille prendra la place et le nom de sa sœur, un garçon la place et le nom d'un frère et ne sera plus appelé par son nom à lui. Au jour fixé pour la cérémonie, on cuit du pain et de la bière, on frappe du tambour en criant : « Aujourd'hui, l'enfant qui était parti revient ». Ils prennent le successeur désigné par la parenté, l'ornent de perles blanches, de bracelets, le recouvrent de couvertures et chantent toute la nuit en son honneur. Si le défunt était marié, celui qui lui succède épouse le veuf ou la veuve. Les deux sont enfermés dans une même hutte pour la nuit. Au matin, ils peuvent se séparer s'ils le préfèrent. On peut appeler une femme sans enfant par le nom d'un neveu ou d'une nièce : mère d'un tel. Si quelqu'un appelle un tel par le nom d'un mort qui n'est pas celui de l'interpellé, celui-ci peut le condamner à une amende. On interpelle quelqu'un en l'appelant : père d'un tel (du nom de son enfant). Tels ont des noms de plantes, d'animaux, d'objets, de localités, du moment du jour où ils sont nés. Le mari en l'épousant donne un nouveau nom à sa femme. La pluralité des noms est générale. Le chien seul n'a qu'un nom, dit un de leurs proverbes. La superstition joue aussi un rôle dans le choix des noms. Un enfant, par exemple, naissant après la mort d'autres enfants, s'appellera crapaud, ou celui qu'on ne veut pas, etc., afin que la divinité ne soit pas tentée de le prendre aussi. Quand l'enfant a un ou deux mois, le père lui donne son nom en lui attachant au cou un petit collier.

Tous les événements de la vie, de la naissance à la mort, sont accompagnés de rites particuliers se rattachant à des croyances et superstitions diverses. Nous y reviendrons.

3. Esclaves.

Avant l'invasion des Makololos, les Barotsés vivaient dans des hameaux très dispersés. Chacun se tenait avec ses gens et avait peu de rapports au-dehors. L'esclavage était doux. Les Makololos, en se fixant dans le pays par droit de conquête, ont inauguré les razzias chez les tribus voisines. Le nombre des esclaves a, dès lors, beaucoup augmenté. Ils formaient même la grande majorité dans le pays, jusqu'en juillet 1906, jour où, par ordre du gouvernement anglais et avec l'assentiment de Lewanika, la libération des esclaves fut proclamée à Léalui en présence d'une foule immense venue de tous les coins du pays. Le roi ne se réservait que douze jours par an de travail de chacun de ses sujets. Jusqu'alors, les esclaves se reconnaissaient à leurs haillons. Les femmes portaient aux reins des peaux ou morceaux d'étoffe en lambeaux. Les esclaves se tenaient accroupis derrière les chefs. Les gens devenaient esclaves, les uns en naissant de parents esclaves, d'autres pour payer la faute d'un crime commis par eux ou par un des leurs, d'autres en étant pris lors d'une razzia. Tel pouvait vendre en esclavage un serviteur ou même l'un des siens. Les prisonniers de guerre devenaient les esclaves du dernier degré. Ils venaient après les esclaves nés dans le pays, ayant déjà des amis et des relations par les liens du mariage. L'esclave était tenu de faire tout ce qui se présentait. On les menait en troupes piocher les champs du roi, sous la conduite d'un surveillant. Une femme, épouse d'un chef ou d'un homme libre, devenait libre de ce fait. Ces mariages étaient fréquents. Le roi pouvait choisir pour son service tel esclave intelligent. Celui-ci prenait bientôt de l'importance, devenait un conseiller et même un haut dignitaire. Les esclaves suivaient leurs maîtres en guerre et combattaient pour eux. Qui capturait des prisonniers en guerre pouvait en garder un comme son esclave. Les tombes des rois étaient confiées à un gardien auquel on adjoignait des esclaves qui ne dépendaient que du roi défunt. Le maître pouvait marier à son gré ses esclaves, les donner à un parent, mais il n'avait pas le droit de les tuer. Une part de la paye de l'esclave en service allait à son maître. Si le bétail de l'esclave prospérait, une ou deux têtes allaient au maître. L'esclave vieux ou malade recevait de son maître la nourriture et du bois pour son feu. Un esclave maltraité en informait les voisins et se réfugiait chez le roi. Après enquête, le maître payait une amende et reprenait son esclave. Un maître tuant son esclave devait payer une forte amende et était privé de ses gens. Il n'y avait pas de vente d'esclaves.

Pendant un temps, les Portugais venaient de l'Ouest

jusqu'à Lealui acheter des esclaves. Mais Lewanika mit un terme à ce trafic.

Un esclave pouvait être prêté pour un travail donné.

A la mort d'un maître, son successeur héritait aussi des esclaves. Si l'esclave avait plusieurs enfants, son maître pouvait en prendre chez lui pour le servir. A la mort d'un esclave, ses enfants ne pouvaient hériter qu'une partie de son bien, le maître prenait le reste. Si l'esclave commettait un meurtre involontaire, son maître payait pour lui en donnant un de ses enfants. En cas de crime volontaire, on noyait le coupable, en lui attachant une pierre au pied, ou on l'étouffait par un chiffon dans la bouche. L'esclave pouvait témoigner en cour de justice, on prévenait son maître de ne pas le maltraiter pour cela. L'esclave pouvait se marier, mais le consentement du maître était nécessaire pour rendre le mariage valable. Si les époux appartenaient à deux maîtres, ceux-ci se partageaient les enfants.

L'esclave ne pouvait se libérer qu'en se plaignant directement au roi, ou bien par la fuite. Un homme libre ne devenait esclave qu'en cas de faute grave. Le roi alors prononçait la sentence. C'était rare.

4. Butin.

Rapporter du butin, piller d'autres tribus pour s'enrichir, était la grande raison d'être des razzias. On s'y préparait comme pour une guerre. Chacun tenait à y participer, roi et grands seigneurs en tête. Le bétail et les esclaves, surtout les femmes et les jeunes filles étaient les principaux articles du butin avec tout ce qui avait quelque valeur et qui pouvait être emporté. Le reste était brûlé avec tout le village. Personne n'avait le droit de s'approprier ce qu'il avait pillé, c'était le butin du roi. Rentrés dans leur capitale, les guerriers procédaient au partage des dépouilles. Le roi prenait sa part des prisonniers, du bétail, des fourrures de valeur·; venait ensuite le tour du premier ministre et des principaux chefs. Ceux qui s'étaient distingués par leur bravoure recevaient une récompense spéciale : un tel est un vaillant, on peut lui donner un village, disait-on. Les prisonniers étaient distribués comme des têtes de bétail, sans se soucier de leurs liens de parenté : une mère et ses enfants étaient alloués à autant de maîtres différents. Leurs cris de désespoir ne faisaient qu'augmenter la joie sauvage des vainqueurs.

5. Impôts.

La Compagnie anglaise de l'Afrique du sud, par un accord avec le roi Lewanika, s'établissait en 1897 au pays des Barotsés qui fut dès lors appelé du nom de Rhodésia. La tribu ne tarda pas à être graduellement régie par tout un réseau de lois nouvelles et un système nouveau d'impôts. Des officiers du gouvernement commencèrent à parcourir en tous sens le pays pour en dresser la topographie, enregistrant le nom des villages, des chefs. Ils firent un premier dénombrement de la population en prenant le nom de tous les hommes qui seuls furent taxés. Tout homme en état de gagner sa vie, âgé de 18 ans et au-dessus, fut taxé d'un impôt annuel de 10 shillings (12 fr. 50) par

Dans la région des palmiers

tête, qu'il fût marié ou non. Tout mari de plus d'une femme devait en plus payer 10 shillings par femme autre que la première. Un pourcentage de cet impôt allait au roi et à ses conseillers et devait remplacer tout autre impôt perçu jusqu'alors par le roi sur ses sujets. Jusque-là, les Barotsés avaient imposé des redevances nombreuses et variées. Les corvées étaient constantes et sans rémunération aucune : corvées annuelles pour la culture des champs du roi et des chefs, corvées pour fournir les matériaux de leurs huttes et les dépendances à construire, corvées pour creuser des canaux, pour bâtir des abris temporaires chaque fois que le roi se mettait en voyage avec sa nombreuse suite, etc., etc. Chefs et esclaves étaient réquisitionnés à tour de rôle. Chaque village devait cultiver annuellement un champ spécial pour le roi. Messagers et collecteurs de taxes en nature parcouraient sans cesse le pays. Peaux de léopards, de lions, de lynx et autres carnassiers, grands et petits, étaient propriété royale. Telle tribu devait fournir chaque année au roi un nombre donné de nattes, dont ils font un grand usage ; d'autres devaient lui tresser des paniers (art dans lequel ils excellent) ; d'autres encore des plats et autres articles en bois, des armes, des outils, de l'ocre, du miel, des céréales et des fruits secs.

Les *Matotela* du district de Séshéké devaient, par exemple, forger et apporter chaque année à la capitale un nombre fixé d'avance pour chaque village selon son importance, de pioches, haches, lances, couteaux, calebasses de miel et fourrures d'animaux divers. Des envoyés du roi passaient chaque année plusieurs mois dans ces divers villages pour réquisitionner ces articles. A peine ceux-ci étaient-ils en route pour la capitale, à la tête d'équipes de porteurs chargés de ces trésors, que d'autres venaient déjà s'installer pour commencer à réunir le tribut pour l'année suivante. Ces gens étaient pressurés sans répit. A notre arrivée dans le pays, plusieurs de ces villages devaient à tour de rôle fournir en plus au roi un nombre donné de garçons et fillettes. Ces enfants étaient enlevés à leurs foyers pour toujours. Ce servage odieux ne tarda pas à être aboli par l'intervention des missionnaires. Après avoir pillé et conquis une tribu éloignée, celle-ci comme garantie de soumission promettait d'apporter au roi un tribut annuel en ressources du pays : du fer, du miel, de la graisse, des fourrures, produits divers de leur industrie. Le tribut tardait-il à venir, un messager allait les rappeler à l'ordre. Si, après un laps de temps, ils se relâchaient, une expédition punitive était organisée. La dernière expédition de ce genre eut lieu en 1892 chez les Balubale de l'ouest d'où elle ramena à la capitale un grand nombre de prisonniers et avec eux la variole qui fit de grands ravages dans tout le pays en 1892 et 1893. Ce fut la dernière razzia des Barotsés.

6. Lois, Tribunaux.

Le tribunal officiel du pays s'appelle le *Khotla*. Le Khotla de Lealui est à la fois le tribunal local et le tribunal de dernière instance de tout le pays. Les Khotla de Nalolo et Séshéké ont une juridiction plus limitée. Ils doivent en référer à Lealuy pour toutes les questions importantes. Chaque grand village a son Khotla qui traite les questions locales et soumet ses questions aux Khotla du centre dont il dépend. Ceux-ci en appellent à leur tour aux Khotla de

Séshéké et de Nalolo, lesquels s'il y a lieu demandent encore l'avis du Khotla de Lealui. En général, les questions sont assez sérieusement examinées et les jugements sont prononcés avec plus de justice qu'on ne s'y attendrait, mais il est évident que les acceptions de personnes ne manquent pas, et le pauvre sans protecteurs influents est plus sommairement traité que les hauts placés.

Jadis, le *meurtre* n'était pas puni par un châtiment fixe. Cela dépendait des parents de la victime. Ceux-ci avaient l'alternative soit de tuer le meurtrier, soit de lui imposer une amende, d'en faire leur esclave ou de le pardonner. S'ils réclamaient une compensation, celle-ci était fixée par le Khotla. Si on trouvait un mort près d'un village, le village devait payer une amende. Si le devin était consulté, les dés désignaient en général un pauvre innocent non sympathique au devin et il payait de sa vie.

En cas de *vol*, le coupable devait tenir dans sa main des morceaux de pots cassés brûlants ; il restait alors estropié pour la vie. Un voleur incorrigible était tué après deux ou trois récidives.

En cas d'*adultère*, les deux coupables étaient tués ou bien le mari faisait payer un bœuf par le séducteur. Le roi Sepopa est célèbre pour avoir plusieurs fois fait jeter au fleuve plusieurs de ses femmes avec leur séducteur. Une femme accusée d'inconduite pouvait indiquer plusieurs noms à son mari, parfois même des innocents, lesquels une fois nommés devaient payer une amende. Depuis quelques années chacun des coupables doit payer comme amende une ou plusieurs têtes de bétail. Les gens de sang royal étaient punis moins sévèrement. Une particularité du Barotsé est l'institution du *Natamoio*, dont la cour est toujours considérée comme un refuge inviolable. Un jour passé dans sa cour délivrait le coupable de toute obligation envers la loi.

Les questions les plus fréquentes au Khotla sont celles d'adultère, de chicanes conjugales entraînant la séparation des époux et ses conséquences pour les enfants.

Avec l'émancipation des esclaves, les chicanes que ceux-ci suscitaient entre leurs maîtres ont graduellement disparu.

Les condamnations pour inculpation de *sorcellerie* sont aussi du passé, quoique la croyance aux sorciers persiste encore. Le respect de la vie humaine et même celui de la propriété est en immense progrès. Les droits de la femme sont pris en considération ; les abus de pouvoir deviennent rares et sont mieux contrôlés.

Toute personne a droit de porter plainte au Khotla. Les plaideurs sont mis en présence et chacun peut à tour de rôle exposer son cas, ses griefs. Les interruptions sont interdites. N'importe qui peut faire des questions, demander des éclaircissements; une fois le cas exposé, qui veut peut émettre son avis, prononcer son jugement. C'est aux moins importants à commencer. Ceux qui n'ont pas de rôle officiel d'abord, suivent les membres du Khotla, en allant du moins important à son supérieur. Le premier ministre résume alors en peu de mots et prononce son jugement, qui est définitif. Le roi à la capitale, la reine ou le prince si c'est ailleurs, en est alors informé par un chef désigné par le premier ministre. Si l'autorité suprême approuve, les plaideurs sont congédiés. Ils vont s'accroupir au milieu de la place publique, font 3 fois la salutation royale, puis se retirent, et le Khotla passe à autre chose.

Ce même Khotla décide des travaux à entreprendre au village, ou pour le compte du roi ou du prince, soit en ville, soit aux champs. Il nomme ceux qui en auront la responsabilité. Il n'existe pas de lois écrites, elles sont gravées dans la mémoire des aînés du Khotla.

7. Fêtes.

Avant l'arrivée des missionnaires, tous les jours étaient égaux pour les Zambéziens. Ils ne connaissaient ni dimanches, ni anniversaires d'aucune sorte. Ils avaient cependant quelques fêtes spéciales, certains jours où tout travail était défendu. Si quelqu'un, par exemple, piochait à la première pluie, on lui disait: « Ne blesse pas la pluie (avec ta pioche), tu nous la chasseras. » Nous avons vu comment, au lendemain soir de la nouvelle lune, hommes et femmes prolongent la soirée en dansant en son honneur, revêtus de peaux d'animaux, après une journée de repos complet. Tout travail est réprimandé ce jour-là.

Qu'un accident survienne à une femme, ils y verront une punition pour n'avoir pas observé la nouvelle lune. Pour eux, ce n'est pas la *même lune* qui réapparaît périodiquement, mais une lune chaque fois absolument nouvelle. Ils disent invariablement que les lunes des années précédentes étaient ou plus belles ou plus laides. Ils sont rarement d'accord sur le nom de la lune nouvelle qui doit donner son nom au mois.

Si quelqu'un meurt, personne au village ne travaille ce jour-là.

Le passage du roi dans un village, son retour dans sa capitale, le retour de la reine ou des deux princes de Séshéké sont des jours de fête, de réjouissances officielles célébrées par des chants, des danses, des festins de bière et de viande. Il en est de même au retour d'une expédition de guerre.

V. La vie industrielle

Le Zambézien est industrieux, intelligent, habile de ses mains, sachant utiliser les ressources locales. Il a de l'initiative. Avant que la civilisation n'ait fait naître en eux des besoins et des ambitions nouvelles, les Zambéziens savaient se suffire à eux-mêmes par leurs métiers où l'art avait sa bonne part.

1. Poterie.

La *poterie* est essentiellement du domaine féminin. Quelques hommes (nous ne les avons vus qu'une fois) font de grands pots à cuire, en terre noire ou de grands récipients à bière. L'argile employée par les femmes et jeunes filles est rougeâtre, elle se trouve près des cours d'eau. Les femmes vont la chercher, la font d'abord sécher et la conservent à l'abri dans un coin jusqu'au moment où elles pourront s'en servir. Elles humectent alors la quantité requise de cette terre et la pétrissent avec des débris pilés de pots cassés. Puis, s'accroupissant devant un débri de planche pour base, la femme se met au travail. Elle n'a pour outil qu'une demi-coquille d'huître entre ses doigts agiles. Prenant une petite boule de bouc, de ses mains elle l'allonge et la pose sur la planche. Elle ajoute une langue de terre glaise à l'autre, y passe et repasse la coquille pour la lisser et en faire une paroi parfaitement unie. Elle commence par le milieu du pot, continue par l'ouverture, pour terminer par le fond ou la base. Elle décore alors son ouvrage de dessins variés, le met à sécher et passe à un autre. Après quelques jours, quand tout est bien sec, la femme dispose avec soin dans un ou plusieurs grands trous creusés par elle dans le sol, ses vases divers. Elle les entoure et recouvre de crottin bien sec de bétail et y met le feu. Quand tout est éteint, les vases sont retirés, la cuisson est faite, l'ouvrage est achevé. L'expérience leur enseigne la quantité de crottin à employer pour une cuisson parfaite, pour reconnaître la bonne terre glaise, quel mélange il faut faire, quelle épaisseur donner aux récipients. Le résultat dépend de tous ces secrets. Ce n'est qu'après nombre d'essais commencés dès sa jeunesse que la femme, au lieu de retirer du milieu des cendres des pots mal

Produits de l'industrie zambézienne

cuits, cabossés, fendus, se voit enfin récompensée de ses efforts.

Les ustensiles en terre sont les marmites à cuire, les récipients pour puiser ou conserver l'eau, la cruche en forme de calebasse où l'eau devient très fraiche, de grands gobelets, les récipients pour la bière, le lait, etc.

2. Vannerie.

La femme fait aussi de la vannerie, des corbeilles en roseaux et écorces d'arbres, en feuilles de palmiers, des nattes en roseaux et herbes du fleuve. Les nattes des membres de la famille royale sont ornées de dessins variés. Chacun brode ce qu'il veut avec des cordelettes brunes, couleur brique ou noires, de leur fabrication. Seuls, les membres de la famille royale ont le droit de posséder des nattes ainsi ornementées. Il y a une dizaine de dessins divers ayant chacun un nom spécial avec des formes quadrangulaires ou triangulaires.

Quelques femmes de chefs, la princesse de Séshéké par exemple, exercent encore leur art sur les murs de leurs huttes avec de la terre jaune ou noire qu'elles obtiennent en la mélangeant avec de la poussière de charbon. Elles peignent ainsi des figures humaines qui rappellent d'une façon frappante certaines peintures égyptiennes et assyriennes. Là s'arrête la science de la femme zambézienne. Elle ne sait ni filer, ni tricoter. Elle n'a commencé que ces dernières années, par les soins des dames missionnaires, à apprendre à coudre. L'intelligence et l'habileté de l'homme se manifestent d'une manière beaucoup plus variée : avec la tige de papyrus fendue et séchée et l'écorce de buissons divers, l'homme confectionne de ravissantes nattes solides et de toutes les dimensions voulues. La tribu riveraine des Ba-muenyi en fait sa spécialité. Les *maróka* sont les plus communes, les *nasaa* sont plus étroites. Les *manange* sont de grandes nattes à plusieurs dessins d'hommes et d'animaux, dont le roi et les grands dignitaires ornent les murs de leurs palais.

La *vannerie* est très en honneur et très estimée des Européens. Les Zambéziens tressent des paniers de

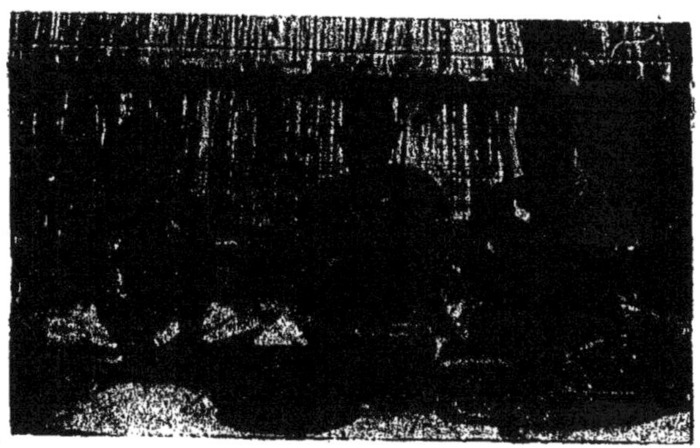

Travaux de vannerie

toutes les dimensions et de toutes les formes, ronds, oblongs et quadrangulaires, avec et sans couvercles, allant du minuscule panier où la femme cache ses parfums et onguents, aux grands paniers qui leur tiennent lieu d'armoires, de coffres et de malles de voyage. Les *ngaa* sont des corbeilles en forme de plats, avec ou sans pied, très finement tressées et pouvant contenir des liquides. Ils remplacent nos assiettes et nos écuelles.

3. Ivoire.

L'*ivoire* a ses artistes qui font des objets de luxe, bracelets et épingles à cheveux, manches de couteaux et de chasse-mouches, tabatières et ornements divers.

4. Tannerie, Confections en peaux, etc.

Les peaux de presque tous les quadrupèdes grands et petits, d'abord soigneusement séchées, puis assouplies, sont utilisées pour des vêtements divers. Avec la peau de bœuf, le mari coupe et coud la jupe de sa femme. C'est le premier cadeau que tout époux doit faire à son épouse. D'autres peaux coupées en longues lanières servent à atteler les bœufs de trait. Les peaux des gracieuses antilopes sont transformées en manteaux et pèlerines, tapis ou couvertures de lit. Les peaux des lions, et surtout des léopards, sont la prérogative des grands chefs. Les peaux de loutres, de chacals, de civettes et autres carnassiers, coupées avec un talent spécial et patiemment cousues ensemble au moyen d'un poinçon pour aiguille et de nerfs d'antilope en guise de fil, servent à la confection des *matata*, grands manteaux de luxe que possède tout chef et qui servent de couvertures et de manteaux d'hiver pour plusieurs années. C'est un travail de patience. Il s'agit de coudre avec soin l'une après l'autre, dans un agencement harmonique, 20, 30, 40 peaux, parfois plus encore, selon qu'il s'agit de loutres, de chacals, de singes ou d'animaux plus

petits encore, avec les trous inévitables à raccommo-
der. Tel manteau se compose de plus de deux cents
queues de *tripa* cousues ensemble avec grand soin.
C'est le manteau le plus riche. Travail de longue
haleine et de grand savoir-faire. Mais la patience du
Zambézien est inlassable et il sait mener à bonne fin
son ouvrage.

De tout temps, il y a eu des tailleurs spéciaux à
qui les hommes apportaient les peaux déjà assouplies. Aujourd'hui, les étoffes européennes remplacent de plus en plus les solides vêtements en peaux.
Les couvertures en laine ou coton ont succédé aux
beaux manteaux inusables d'autrefois. Quelques femmes savent déjà couper leurs robes et commencent
à apprendre à les coudre. L'ancienne jupe en peau,
solide et pratique, se fait rare. Elle est remplacée par
des jupes en étoffe légère, allant jusqu'à terre. Les
femmes aisées mettent leur orgueil à porter à la fois
8, 10 et même 15 jupes superposées. Elles ont un air
grotesque de tours ambulantes. Elles aiment exhiber
ainsi leurs richesses. Peut-être est-il aussi question de
prudence, ces trésors étant plus en sûreté sur elles-
mêmes que dans leurs huttes à serrures peu sûres;
une taille à manches courtes complète la jupe, un
léger châle à couleurs voyantes, gracieusement fixé à
la ceinture ou à l'épaule droite, remplace la pèlerine
en peau, de jadis. L'article préféré par l'homme est
l'habit, à défaut le gilet, puis la chemise. Les panta-
lons ont moins d'amateurs. Ils les gênent dans leurs

mouvements, s'usent vite et s'adaptent peu aux habitudes du noir de s'accroupir à tout instant ou de s'asseoir à terre.

5. Forge.

Mais le métier le plus important que connaisse le Zambézien est celui de forgeron. Chaque village a son forgeron ; ce métier se perpétue souvent de père en fils. Chaque année à un moment donné, des escouades d'hommes vont retirer le minerai du lit d'une profonde rivière. Ils le soumettent sur place à un premier épurage et rapportent chez eux la provision de fer brut nécessaire pour les besoins de l'année. On en prélève une partie pour en forger les pioches du tribut annuel qui sera apporté au roi. Avec ce qui reste, le forgeron forgera des outils qu'il vendra à ses voisins, tels que armes, pioches, haches, couteaux, outils pour tous les usages, y compris la spatule que chacun emploie comme mouchoir de poche. Il n'y a pas de magasins dans les villages, mais le forgeron a toujours de l'ouvrage.

6. Tissage.

Jadis, les *Batoka* et *Mambunda* confectionnaient des couvertures de coton en attachant la corde à deux piquets éloignés et avec les deux bois tressaient les étoffes. Ce tissage était fait par les hommes, de père en fils.

Les *Mankoia* et *Mawiko* confectionnaient des étoffes avec l'écorce du *mobombo*. Ils font une coupure en haut et en bas à un tronc d'arbre et une de côté. Ils frappent avec un bois pour faire d'abord entièrement tomber l'écorce extérieure. Ils continuent à taper pour assouplir la seconde écorce qui se détache du tronc ; elle est alors tirée puis étendue et le vêtement est obtenu. En un jour, l'opération est terminée. Avec l'arrivée des tissus européens, ces étoffes indigènes tendent à disparaître.

VI. La vie commerciale

L'emploi de la monnaie comme moyen d'échanges, de vente ou d'achat, est de date récente. Jusqu'en 1886 et même plus tard, toute tractation se faisait par échanges d'articles ou de produits. L'avènement de la British-S.-Africa comme suprême autorité dans le pays et le tribut annuel que, sous forme de taxe individuelle de 10 shillings par homme âgé de 18 ans et au-dessus, cette compagnie imposa graduellement dans tout le pays, enseigna très vite aux gens la valeur et l'emploi de la monnaie anglaise. Ce fut une simplification, d'une part, mais la vie en fut considérablement renchérie. L'indigène, très pratique, ne pouvait admettre qu'une pièce d'argent dont il ne savait que faire, eût plus de valeur que des mètres d'étoffe dont il pouvait de suite se vêtir. Jusque-là, les échanges en nature avaient été de tous temps à l'ordre du jour. Les riverains faisaient des provisions de poissons secs qu'ils échangeaient contre les produits de la forêt ou des champs ; le chasseur échangeait la viande séchée et les peaux des animaux tués contre du grain, du miel, des outils ; le berger faisait de même avec le beurre du lait de son troupeau ; le forgeron écoulait sans peine contre des produits de son choix les outils et les armes de sa fabrication ; le Docteur était payé en têtes de gros et de menu bétail, et ainsi de suite... Un esclave était alors aussi un objet de commerce et équivalait à quelques mètres d'étoffe, suivant son âge. 5 mètres d'étoffe pouvaient acheter un jeune garçon, tandis qu'une jeune femme pouvait être acquise avec dix pioches.

VII. La vie agricole

Les Zambéziens sont un peuple essentiellement agricole. La chasse et la pêche sont des accessoires, la préoccupation des champs prime tout le reste. De tous temps, la forêt a reculé chaque année devant l'indigène qui abat et défriche en nouveaux champs de vastes étendues. La cendre des arbres abattus est le seul engrais des cultures. Les champs sont vite épuisés et doivent être renouvelés tous les deux ou trois ans. Ils emploient la charrue depuis 20 à 25 ans, pour labourer les plaines où les champs de maïs et de sorgho deviennent une des ressources grandissantes du pays.

1. Semences et fruits.

Le Zambézien cultive une grande variété de céréales. Le *maïs*, le *sorgho*, dont il y a plusieurs espèces, le *millet*, la *lukeshia*, graine comme la semence de navets qui donne une excellente bouillie chocolat. Le *manioc*, dont il y a plusieurs espèces et qui résiste à la sécheresse. Des *patates* douces, rouges et blanches. L'*arachide* qui fournit une huile excellente. Des *haricots* montants et surtout des rampants, des *pois* à gousse dure et souterraine. Le principal légume est la *courge* d'espèces diverses que l'on mange à toutes les phases de sa croissance et à sa pleine maturité. Diverses variétés de *melons d'eau*, très agréables, dans les fortes chaleurs. Le *thépé*, qui rappelle l'épinard, se trouve un peu partout, sans être cultivé, le *ndouloueti* qui vient près des cours d'eau, le *sekousoane* comme une petite pomme de terre qu'on peut manger en salade, crue ou cuite ; et d'autres herbes encore.

Chaque indigène cultive son *tabac*. Ils le prisent plus qu'ils ne le fument. Ils torréfient la feuille sur les braises, dans un tesson de pot cassé avec quelques tiges sèches de nénuphar. Ils réduisent le tout en poudre et garnissent de ce mélange leurs tabatières. Ils en font aussi des cônes très appréciés dans le commerce local. La prise de tabac joue un grand rôle dans toutes leurs relations. Elle inaugure tous les entretiens. Elle sert trop souvent de prétexe à des liaisons douteuses. La culture des arbres fruitiers était inconnue avant l'arrivée des missionnaires.

Actuellement les Zambéziens en fait de fruits ne cultivent que les bananiers et les ananas introduits dans le pays depuis 1886 et quelques arbres fruitiers apportés par les missionnaires, tels que le citronnier, l'oranger, le goyavier, le papayer, le pêcher et même le figuier de Barbarie.

2. Champs.

La culture des champs fournit aux Zambéziens du travail tout le long de l'année. Ils ont des champs d'hiver et des champs d'été ou de saison des pluies. Le fleuve et les cours d'eau et les nombreux étangs dont les pluies font monter le niveau, inondent chaque année les plaines avoisinantes, sur de vastes étendues. Dès juin, l'eau se retire graduellement. Alors commence la culture des *litapa* ou champs d'hiver. Le sol n'a besoin d'aucun engrais et l'inondation en a détruit tous les insectes. A peine la terre est-elle assez sèche, on coupe les herbes et les roseaux qu'on brûle sur place et la pioche entre en fonctions. On sème alors du maïs, du sorgho qui ne craint pas l'eau et mûrit vite, la canne à sucre annuelle, des courges que l'on consomme à peine formées, des haricots et autres, des céréales qui croissent assez vite pour être récoltées avant l'inondation. Cette récolte qui n'est jamais très considérable, les champs ne pouvant être très vastes, permet cependant à beaucoup de familles de terminer l'année sans souffrir de la faim. Mais la principale culture se fait en été. Les semailles se font alors aux premières pluies, en novembre et décembre. Déjà pendant l'hiver, tôt après les pluies, le défrichement commence. Les hommes s'entr'aident pour abattre un nouveau coin de forêt. Les chefs convoquent leurs serviteurs et leurs amis. Ceux-ci abattent les arbres à un mètre du sol, les coupent en tronçons et entassent le bois en divers monceaux. Le soir, en guise de payement, un festin de bière réjouit les travailleurs. En octobre ou novembre, le feu est mis à ce bois qui a séché entre temps. La cendre servira d'engrais. La femme avec sa petite pioche remue alors le sol et y dépose les semences diverses. Elle fait chaque fois un trou qu'elle recouvre aussitôt de terre. Les semailles achevées, il faut protéger la semence contre de nombreux pillards. Les perdrix, les tourterelles, les corbeaux, les oies sauvages s'abattent dans les champs en quête de pâture. Il faut les effrayer à force de cris et gestes, jusqu'au jour où la jeune tige atteint dix à quinze centimètres de hauteur. Ce travail est confié aux enfants. Le sarclage suit de près pour empêcher la récolte d'être étouffée par les hautes herbes. Dès que le grain est formé dans l'épi, il faut le protéger contre des nuées de petits oiseaux. Cette lutte persiste jusqu'au moment où la moisson est terminée. Des *khalana*, échafaudages de perches reliées entre elles, sont élevées au milieu des champs. Perchés sur ces terrasses improvisées, des gardiens à force de cris essayent d'effrayer ces milliers de pillards minuscules qui auraient vite dévoré toute la récolte.

La moisson se fait en novembre et décembre pour les champs d'hiver, en mars et avril pour ceux d'été. Les épis sont entassés en pleins champs, pendant quelques semaines pour qu'ils sèchent à fond. On en remplit alors des greniers érigés sur place. On les construit comme de petites huttes sur pilotis avec des tiges de maïs ou de sorgho, recouvertes d'un toit de chaume et enduites extérieurement de terre. C'est là que la mère de famille ira puiser au fur et à mesure des besoins du ménage, les épis qu'elle dépiquera dans un mortier en bois, à l'aide d'un pilon en bois très dur. Après avoir vanné la balle, elle réduira le grain en farine pour la bouillie journalière qui est le fond de leurs repas.

Les outils de l'agriculteur sont la hache dont l'homme se sert pour le défrichement. La femme se sert d'une pioche ; elle ne s'en sépare jamais. La charrue a été introduite vers 1890. Elle est de plus en plus employée par les possesseurs de gros bétail pour transformer en champs les vastes plaines le long des cours d'eau. Comme engrais on se contente de changer fréquemment de place les enclos de bétail aux environs des villages pour les ensemencer à l'approche des pluies.

3. Troupeaux.

Jusqu'en 1896, le gros bétail était la principale richesse du pays. On le renouvelait par les expéditions de pillage chez les tribus voisines. La race autochtone était haute sur jambes ; celle ramenée des razzias était de petite taille. Il en est sorti des croisements variés. Les bonnes vaches laitières sont rares. Le veau doit toujours être servi le premier ; alors seulement la mère consent à donner son lait. Le lait tarit quand le veau vient à mourir. La peste bovine qui en 1896 ravagea l'Afrique centrale, exterminant quantité de gros gibier, surtout le buffle et les antilopes, a par ses ravages parmi le bétail, inauguré une ère de misères pour nos Zambéziens. Beaucoup d'entre eux ont passé de l'aisance à la pauvreté. D'autres maladies telles que l'anthrax, la maladie des poumons, de la bile, etc., sont devenues endémiques. Les beaux troupeaux de jadis ont disparu. Le bétail actuel, proclamé infecté par les autorités, ne peut plus être exporté. Il a cessé d'être un objet de commerce, jusqu'à des temps meilleurs.

VIII. La vie religieuse

1. Magie.

Le païen zambézien est un homme religieux. Mais sa religion est tout imprégnée de crainte. Le côté magico-religieux de tout acte, de tout événement a pour lui une suprême importance. Qu'il chasse, qu'il pêche, voyage ou se marie, qu'il soit en santé ou qu'il tombe malade, il est circonspect en tout ce qu'il fait.

Il vit dans une atmosphère d'influences magiques à
éviter, à dominer et même à faire agir pour nuire à
d'autres.

2. Rites.

Nous n'avons pas la même expérience que lui. Sa
mentalité est toute autre que la nôtre, aussi nous est-
il difficile de bien le comprendre. Tous les rites qu'il
accomplit sont en étroite relation avec cette concep-
tion religieuse. Nous entendons par rite tout acte
superstitieux, toute espèce de cérémonie qu'on fait
avec empressement, publiquement ou en cachette.
Tous les détails de chacun de ces rites sont prescrits
d'avance, ils sont gravés dans l'esprit des gens : le
temps et le lieu où on doit les faire, les personnes qui
doivent ou peuvent y participer, ce qu'on emploie ou
qu'on détruit, ce qu'on dit, ce qu'on doit faire, ce
qu'on évite exprès de dire ou de faire.

Il y a des rites qui consistent en choses à éviter. Par
exemple, on ne doit pas siffler sur le fleuve de crainte
d'appeler le vent ; on ne doit pas passer devant un
chef. On doit éviter ses beaux-parents, les rapports
conjugaux ont de nombreuses restrictions qui rappellent les lois lévitiques. On ne doit pas travailler au
lendemain de la nouvelle lune, ni quand quelqu'un
meurt, ni à la première pluie, au risque de la chas-
ser. Un grand nombre de gens ne savent donner
aucune explication à ces rites ; ils ont toujours vu

qu'ils se pratiquaient ainsi, cela leur suffit. Pour l'indigène, le rite seul importe ; les accessoires sont sans conséquence.

Rite aux semailles. — La veille des semailles, le chef de village convoque ses gens, au lever du soleil, devant l'autel de Nyambe qui est près de chaque village, à l'orient. On place sur l'autel un plat d'eau, emblème de bénédiction. On met, à côté du plat, des échantillons des diverses semences. Les pioches et les haches sont placées sous l'autel. Le chef frappe alors deux haches l'une contre l'autre, à ce signal, la foule agenouillée tape des mains en disant : « Voici tes semences de maïs, de sorgho et de toutes les céréales. Nous te les offrons ; qu'elles nous reviennent bien ; ne nous en prive pas, nous, tes serviteurs. » Cela fait, l'assemblée se disperse.

Rite aux premières récoltes. — Un jour d'avril, les gens préparent de la bière et tuent un bœuf. Au lever du soleil, ils se rendent, le chef en tête, à l'autel de Nyambe. S'il est détruit, ils le remplacent par des branches sèches et y suspendent leurs offrandes. Ce jour-là, ils ont fait un petit tas de sable blanc pris au fleuve. Ils placent devant l'autel les fusils, les lances, les pioches, les haches, le pot de bière, un morceau de viande, des graines de maïs, de sorgho, etc. Le chef se tient d'un côté, devant l'autel, les hommes sont accroupis devant lui à quelque distance, les femmes se tiennent de l'autre côté de l'autel. Le chef lève alors les mains au ciel et se prosterne pour adorer. Il saisit ensuite le pot de bière, il en puise avec le gobelet et en asperge les fusils, les armes, les graines, la viande en disant: « Voilà ta nourriture, notre maître, nous te l'offrons. Sans toi, nous n'aurions rien eu. » Le pot de bière vidé, le chef prend la viande, il la coupe en petits morceaux et les disperse en prononçant les mêmes paroles. Il fait de même avec les graines. Prenant enfin le plat d'eau, il en remplit sa bouche et crache vers l'orient en disant: « C'est de là que viennent les bonnes choses » Il fait de même en se tournant vers l'occident et dit : « C'est de là que viennent les choses mauvaises. » Il fait alors le signe d'adoration et se retire à l'écart. Les hommes s'approchent à leur tour et se prosternent. Le chef leur fait dire par son premier conseiller que c'est bien. Les femmes s'approchent à leur tour en chantant et le chef leur répond comme aux hommes. Après quoi, tous se retirent. Le même soir, les gens rapportent les armes à l'autel, et tournés cette fois au couchant, ils prient Nasilele, la femme de Dieu, représentée par la lune, d'intercéder auprès de Nyambe en leur faveur. Les armes passent la nuit devant l'autel. Au matin, le chef rend à chacun son arme.

En temps de sécheresse, les gens vont en troupe à la tombe de tel grand chef, ils la désherbent, puis ils présentent un plat d'eau auquel ils ont attaché la médecine de la pluie préparée par le devin. Ils en arrosent la tombe en chantant et demandant la pluie.

Les Masubia, petite tribu secondaire, tuent en temps de sécheresse un bœuf noir sur la tombe de leur ancien chef, Nguana Ngwari, en lui demandant la pluie.

En cas de maladie, les parents du malade mandent le docteur. Celui-ci ordonne souvent qu'on offre un bœuf noir à Nyambe. On amène le bœuf à l'autel en

Chef priant pour obtenir la pluie

disant : « Voilà ton bœuf. » Ils lui coupent les oreilles pour les suspendre à l'autel. Le bœuf retourne au troupeau. On sait qu'il est le bœuf de Nyambe. Il ne doit être ni maltraité ni tué. Il vieillit ainsi. D'autres fois, le malade met autour de la tête ou des reins une peau de serpent renfermant les médecines conseillées par le docteur. D'autres, après avoir égorgé une brebis dont le Devin a eu sa bonne part, attachent au poignet du malade comme remède, un bracelet fait d'un morceau de boyau rempli de la bile de la victime. Il se mêle en général à chaque rite un élément de superstition et de supercherie toute au profit du devin qui exploite la crédulité de ses clients.

Les rites se font soit à l'autel de Nyambe, soit sur la tombe d'un ancêtre ou de quelque grand chef, suivant que la cérémonie est personnelle ou se fait au nom de tout un village ou d'un groupe de personnes; chasseurs, pêcheurs, guerriers, voyageurs en partance ou en cas de fléau public : sauterelles, sécheresse, etc. Tout rite doit être accompagné d'une offrande. Celle-ci consiste soit en perles blanches, en calicot blanc, en bière ; il doit toujours y avoir un plat d'eau ; le chasseur offre un morceau de viande. En présentant l'offrande, on formule la requête. Dans d'autres occasions, on égorgera une chèvre, une brebis, un et même plusieurs bœufs, comme à la mort de quelque grand personnage.

3. Morale.

Les croyances religieuses, l'observation de ces rites divers n'influent en rien sur la moralité des Zambéziens, ne modifient en rien leur mentalité ou leur caractère. L'honneur est au plus rusé. « Nous sommes tous menteurs et voleurs à l'occasion, l'essentiel est de ne pas se laisser prendre en flagrant délit. » La conscience morale est endormie, la vie morale est matérialisée, le superficiel suffit. Des marques indélébiles aux bras suffisent pour assurer le bonheur éternel rêvé du païen, qu'il soit voleur, meurtrier, n'importe. Et quand le coupable qui a été pris sur le fait a payé l'amende imposée, il ne manifeste aucun sentiment de honte, il se sent quitte vis-à-vis de la Société qui l'a jugé. Cela lui suffit. Il recommencera à la première occasion, en y mettant plus de circonspection, voilà tout.

Tout cela ne rend pas le Zambézien plus mauvais que d'autres. S'il est sournois, méfiant, moqueur, c'est aussi un fin observateur apte à devenir un homme de confiance prenant son devoir au sérieux. Il sait ouvrir les yeux pour le mal comme pour le bien ; la première influence laisse en général l'impression la plus durable. Qu'un païen entre en contact avec la civilisation européenne sans préparation préalable, il sera prompt à en saisir tous les mauvais côtés et sera plus endurci que jamais à l'égard de l'Evangile. Mais le païen qui a entendu l'Evangile, même sans se convertir avant de sortir de son pays, résistera beaucoup mieux aux influences délétères de la civilisation européenne.

Il est très difficile de se placer au point de vue des Zambéziens, de bien comprendre leur mentalité et leur morale. Chaque peuple fait une distinction entre bien et mal, légal et illégal, mais il diffère beaucoup dès qu'il faut établir le point de démarcation. Il n'y a peut-être pas une seule action qui ne soit considérée légale, légitime, comme un devoir à accomplir par telle ou telle tribu, par exemple l'infanticide, la trahison, le pillage ou la tromperie. Le niveau moral lui-même se modifie d'une année à l'autre dans un même milieu, la légalité et l'illégalité varient selon qu'on a affaire à un parent, un ami, un étranger ou un ennemi. Tels considèrent légal de maltraiter, piller, tromper un étranger, mais illégal d'agir ainsi envers un voisin, un ami ou un concitoyen. Il est même difficile de trouver les mots correspondant exactement à ce que nous envisageons comme bien, mal, légal, illégal, bon, méchant, mauvais. Ce qui est bon pour les uns peut être blâmé par d'autres ; la bonté prise pour lâcheté, la patience pour la peur, etc. Tromper son ennemi est bien, disent les Zambéziens. Qui est découvert pour avoir trompé, n'a pas sujet d'en avoir honte. Qui accusait à tort son prochain, était parfois tué. Qui trompe au nom du roi doit payer une forte amende. Un chef qui bat ses gens est réprimandé au Khotla, parfois démis de sa charge. Piller son prochain n'encourait aucun blâme. On craint de réprimander ceux qui ont autorité. L'homme bon est celui qui est généreux, facile à vivre, doux de caractère. L'homme courageux est celui qui est intrépide à la guerre, celui qui ne craint pas les ténèbres, la nuit, qui ne tremble pas devant le roi. Le méchant est l'homme cruel qui suscite des troubles, qui induit en faute les femmes d'autrui. Le vicieux est un degré de plus que le méchant.

Aucune tache ne subsiste sur l'adultère, une fois l'amende payée.

4. Divinités.

Nyambe est le Dieu unique des Zambéziens. Les Batoka l'appellent Léza. La ville où il réside est Litooma, quelque part en haut dans le monde invisi-

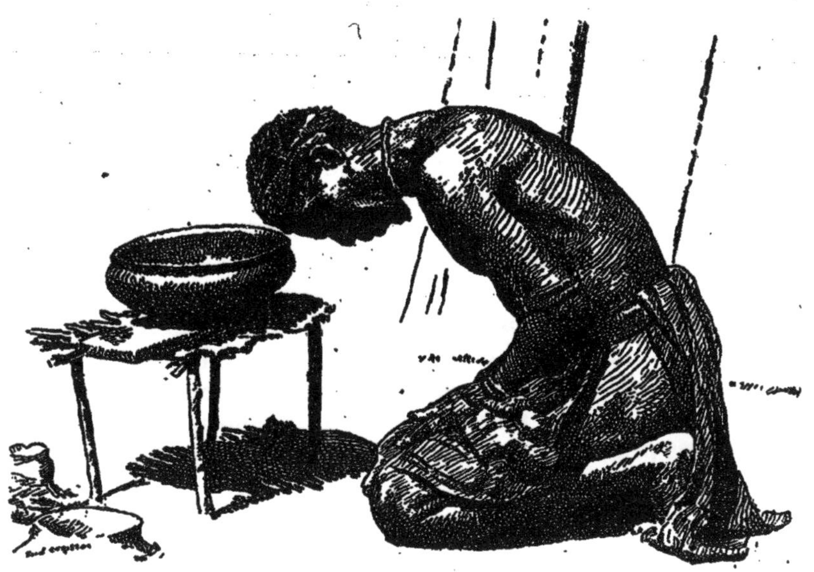

Zambézien invoquant Nyambe

ble inaccessible aux humains. Mais il voyage parfois, « Nyambe oa inka » (Nyambe passe), crient les Zambéziens en se frappant sur la bouche, au passage d'une étoile filante. C'est Nyambe qui se rend chez

Nasilele, sa femme. Il descend parfois dans tel arbre. Un jour, à Kazungula, les gens criaient en son honneur devant un mozinzira, prétendant que Nyambe y était descendu ; une autre fois, nous les vîmes chez Mahaha chantant autour d'un arbre pour la même raison. C'est Nyambe l'auteur de tous les fléaux, tempêtes, sauterelles, sécheresse, etc.

D'après la légende, Nyambe habitait jadis sur la terre avec sa femme Nasilele. Il y vivait à la façon d'un roi indigène et était polygame. Il avait deux principaux conseillers, Sashisho et Kangomba, qui servaient d'intermédiaires entre les hommes et lui. Nyambe a créé toutes choses, les plaines, les forêts, les plantes, et les animaux auxquels il distribua ensuite les cornes. Il créa aussi Kamonu, le premier homme et sa femme. Après un certain temps, la ruse et l'habileté de Kamonu commencèrent à l'inquiéter ; celui-ci apprenait à faire tout ce qu'il voyait faire à Nyambe. Puis il tua successivement des animaux, puis un buffle, un éléphant. Nyambe prit peur qu'il ne lui arrivât la même chose. Il chercha à se mettre à l'abri de l'atteinte de l'homme en se retirant dans une île, mais l'homme sut se construire un canot et l'y suivit. Nyambe se retira alors sur une montagne, l'homme l'y suivit encore. De guerre lasse, Nyambe, Nasilele et leur conseiller Sashisho traversèrent le grand fleuve et réussirent à monter à Litooma au moyen d'une grande toile d'araignée. C'est là que Nyambe réside depuis lors. L'araignée qui servit de guide eut les yeux crevés pour qu'elle ne pût indiquer à l'homme la route suivie par Nyambe. L'homme essaya de rejoindre Nyambe en construisant un immense échafaudage en bois, celui-ci s'écroula en tuant beaucoup de monde. Depuis lors, l'homme a renoncé à trouver son Dieu.

Ce Dieu des Zambéziens est sujet à bien des misères humaines. Il est susceptible de colère, il est vindicatif et garde rancune ; « il ne faut pas tuer ce qui n'a pas de faute », est l'ordre de Nyambe ; il ne s'occupe guère de l'homme que pour lui nuire ; il est cruel, on donne de vilains noms aux enfants pour ne pas attirer son attention ; il peut aisément être trompé et se contente des apparences. L'homme peut lui cacher bien des méfaits. Nyambe est le grand rémunérateur de l'au-delà, mais il est facilement satisfait au point de vue moral. Avec lui, le plus rusé jouit de tous les avantages. Il réprimandera le meurtrier et demandera compte au trompeur de son mensonge.

Le suprême bonheur pour le Zambézien, consiste a être admis après sa mort, auprès de Nyambe. L'homme est enseveli la face vers l'Orient, celle de la femme vers l'Occident afin qu'ils sachent se diriger vers Nyambe ou vers Nasilele. Arrivés au-delà, il leur suffit, pour être mis sur la route aboutissant à Dieu, d'avoir des marques spéciales (litumbekela) aux bras et le lobe de l'oreille perforé. La conduite sur la terre n'importe pas. Il va jouir du bien-être. Mais le malheureux qui n'a ni lobe perforé, ni marques aux bras reçoit des mouches pour toute nourriture et est placé sur une grande route qui va en se rétrécissant pour aboutir à un affreux désert où il meurt de soif et de faim.

La famille royale est réputée de race divine descendant directement de Nyambe et d'une de ses femmes avant que Nyambe la quittât pour se rendre à Litooma, sa résidence définitive.

5. Totémisme.

Il est très difficile de se rendre compte de l'origine du totétisme zambézien et de tout ce qu'il implique, des coutumes qui s'y rattachent, des « tabou » qui en découlent. Voici comment l'explique un des chefs les plus intelligents du pays.

« Les totems » (*meshiku* en *serotsé*) sont très nombreux. Chaque totem correspond au nom de l'ancêtre d'un clan, du premier homme de ce clan. Ces totems sont des noms de personnes ou d'animaux, de légumes et autres choses inanimées. Au commencement (c'est du vague), lorsqu'un homme mourait, ses enfants se réclamaient de son nom. Lorsque l'un de ses enfants ou descendants venait à être malade, on consultait les osselets ou dés et on disait : « C'est cet ancêtre qui l'a frappé, il réclame ceci ou cela. » Alors on allait à son tombeau l'invoquer et lui présenter des offrandes. Il n'y a pas d'autre explication. »

Tous ces noms de totems en *serotse* commencent par le préfixe « wa » qui correspond au « de » possessif ou d'origine. En voici quelques-uns :

Wa Namochoko : du melon d'eau, c'est le totem de la famille royale.

Wa Noopa : de l'orient.

Wa Nalishebo : de la famine.

Wa Nosiku : de la nuit.

Wa Nalitongo : des abris de bergers.

Wa Nambula : de la pluie.

Wa Namée : de l'eau, etc., etc.

Leurs noms propres rappellent le moment de la journée ou de l'année où ils sont nés, soit un événement spécial qui a coïncidé avec leur naissance, etc.

Ceux qui se réclament du même totem savent qu'ils sont de la même race, du même clan. Même s'ils ne se connaissaient pas précédemment, ils ont une confiance mutuelle dès qu'ils viennent à se rencontrer et ils s'entr'aident, se sentant du même sang.

Qu'un inconnu arrive après un long temps d'absence, ceux du même totem l'accueillent de suite comme un des leurs, mettent une case à sa disposition, lui procurent une femme, lui fournissent de la nourriture en attendant qu'il puisse cultiver ses propres champs. Ceux dont le totem est un animal, s'ils tuent cet animal, le mangent. Le totem n'est pas considéré comme un protecteur du tout. Ceux d'un même clan peuvent s'entre-marier. Ceux dont le totem est un poisson, s'ils le prennent, le mangent. Mari et femme n'ont rien à faire avec leurs totems réciproques. Mais les enfants peuvent se réclamer des totems de père et mère. Comme tabou, si un tel commet

adultère avec une femme du même totem du père,
il deviendra estropié d'une façon ou de l'autre.

Il y a plusieurs « tabou » ou choses défendues.
Telles rappellent les lois lévitiques concernant les
souillures diverses. Telles se rattachent à la nouvelle lune, les premières pluies, certains animaux
qu'on ne doit pas tuer ou dont on ne doit pas manger, des règles de politesse à observer envers le roi,
les princes, les beaux-parents, quand il y a un mort
au village, etc., etc.

6. Mânes des ancêtres et culte des morts.

A côté du culte à Nyambe et à Nasilele sa femme,
les Zambéziens rendent un culte aux ancêtres.
Ceux-ci jouent un rôle intermédiaire entre Nyambe
et les vivants. Le Zambézien n'a pas de dieu domes-
tique qu'il emporte d'un lieu à un autre. Ce culte des
ancêtres est pratiqué de différentes manières. Le
païen du Borotsé, par exemple, ne prie pas sur la
tombe de ses propres ancêtres. Il s'adresse à eux
dans sa cour particulière ; le soir, agenouillé devant
un autel très rudimentaire, il y dépose comme
offrande un plat d'eau et prononce sa requête en se
tournant vers le Borotsé, berceau des Marotsés. Il
ne pense aux ancêtres qu'en cas de difficulté, maladie, accident, disette ou lorsqu'il désire se sentir
béni, protégé dans un voyage ou une entreprise de
guerre, chasse, etc. Les *melimo* (esprits des ancêtres)
se fâchent quand on néglige de les invoquer (*phaïla*).

Ils reviennent pour réclamer de la nourriture, du lait, de la bière, du tabac. Ils manifestent leur courroux en causant la maladie ou la mort d'un membre de la famille, en provoquant un accident ou bien encore en retenant la pluie. Il faut apaiser le courroux du défunt. Le devin est alors consulté. Ses recettes sont des plus variées. Il se donne comme le porte-voix du défunt qu'il interroge au moyen des osselets divinatoires dont seul, il connaît les secrets. Souvent, c'est une chèvre, un mouton ou même un bœuf dont le défunt réclame le sacrifice. L'importance du sacrifice dépend de la fortune du malade. On mange la viande à la santé du malade après l'avoir présentée comme offrande au défunt afin qu'il l'accepte en échange du malade; une petite portion de la victime est alors attachée au malade.

Le devin se fera largement payer après complète guérison. Pour le païen du Zambèze, les ancêtres continuent à vivre et à se mêler des affaires des vivants. Ils voient, entendent, jugent tout ce qui se passe et peuvent intervenir à leur gré pour aider ou punir. Il faut donc compter avec eux, chercher à les apaiser par une offrande qu'ils peuvent ou non agréer. Tout cela indique des notions rudimentaires de moralité dans la mentalité païenne.

7. Docteurs et sorcellerie.

Les soi-disants *docteurs ou devins* connaissent quelques plantes médicinales. Ils font parfois un peu de chirurgie, mais ils abusent surtout de la crédulité des gens. Ce sont les grands propagateurs de toutes espèces de superstitions ; ils ont été pendant des siècles, jusqu'à l'arrivée des messagers de l'Evangile, la grande malédiction des nations païennes. Qui dira jamais, par exemple, le nombre des victimes innocentes que le devin a accusé de sorcellerie et a fait condamner au supplice du feu, soit par haine ou simplement pour avoir une part de leurs dépouilles.

La croyance à la sorcellerie était une épée de Damoclès pour tout le monde. L'accusé devait prouver son innocence, publiquement, devant ses accusateurs. Il était soumis à une double épreuve : 1º On faisait bouillir sur place de l'eau dans une marmite. L'accusé devait plonger la main 4 à 5 fois dans l'eau bouillante et en retirer chaque fois un caillou placé au fond du pot. Il était surveillé pendant la soirée. Si ses mains ne souffraient en rien de la brûlure, son innocence était reconnue ; il avait même le droit de réclamer une indemnité de ses accusateurs, mais la peau était presque toujours échaudée. La pauvre victime devait alors subir l'épreuve définitive du *muati*, poison violent qu'on le forçait à boire. Dès que les effets devenaient apparents, la question était tranchée et la victime était séance tenante brûlée vive sur un bûcher improvisé, au milieu duquel on l'avait attachée sur un chevalet. Dès leur arrivée, les premiers missionnaires luttèrent de tout leur pouvoir contre cette horrible coutume. Le roi Lewanika, mieux éclairé, ne tarda pas à les appuyer et déjà en 1890 il fondait dans le voisinage de la capitale un village où tout accusé de sorcellerie pouvait se réfugier et se sentir en sécurité.

Les soi-disant sorciers étaient rendus responsables de tous les malheurs imaginables. Ils agissent dans la nuit, rôdent en compagnie de l'hyène, du blaireau, s'associent à la chouette. Ils peuvent, à leur choix, se transformer en lion, léopard, serpent, crocodile. Ils déterrent les morts dont l'esprit (*bolumba*) mène dès lors une existence errante et malfaisante ; d'autres esprits deviennent des démons qui entrent dans le cœur des vivants, et y provoquent toutes espèces de maladies et folies. Le docteur est alors requis pour exorciser ces malheureux.

Ces *docteurs et devins* (ils cumulent les deux rôles) étaient jadis tout-puissants. Ils jouissent encore aujourd'hui d'une grande autorité, surtout parmi les Mawiko et les Mambunda. Chacun a sa spécialité. Chacun possède ses osselets divinatoires, collections de vertèbres d'animaux, de griffes diverses, morceaux de carapaces de tortues, etc. Ils ont des médecines pour tous les maux présents et futurs. Ces médecines sont chèrement payées. On les tient au *lushoko*, le cabinet privé de tout chef de famille. On en fait des amulettes, des porte-bonheur. Les unes sont des racines qu'on fait détremper dans des récipients

pleins d'eau. D'autres sont rôties dans un pot cassé,
au feu, puis réduites en poudre qu'on mélange avec
de la graisse. On conserve soigneusement ce mélange
dans une corne d'antilope. C'est la médecine du
boumi, de la santé.

Danse rituelle

Il y a des médecines que l'on boit ; avec d'autres, on
se frotte diverses parties du corps après y avoir fait
des incisions. Il y a la médecine du bonheur. Le chasseur se frotte telle médecine au bras, ou attache au
poignet en forme de bracelet un morceau de boyau
ou un peau de serpent contenant la médecine de la

bonne chance. Telle médecine donnera une bonne récolte ; telle autre jetée en secret dans le champ du voisin le privera d'une bonne moisson.

Si le crocodile fait une victime de quelque importance, tue un chef, par exemple, le docteur mandé fera des mélanges spéciaux qu'il jettera au fleuve ou dont il frottera ses clients pour les immuniser contre le crocodile. La médecine qui immunise contre le lion se conserve dans de la peau de serpent. Quand un grand filet est achevé, c'est encore le docteur qui le rendra apte à prendre du poisson en y fixant des morceaux de certaines racines et en l'exposant à une fumée spéciale. Cela donne au docteur le droit d'avoir sa part de la pêche. Ces docteurs connaissent les propriétés médicinales de certaines plantes, entre autres plusieurs poisons. Ils ont aussi quelques notions élémentaires de chirurgie. Ils arrêtent des pertes de sang en appliquant des feuilles de ricin ; ils attachent le ventre de la femme qui vient d'accoucher ; ils percent des tumeurs, font des incisions, appliquent des ventouses, coupent avec un fer recourbé le nerf en cas de maux de dents et font des incisions aux tempes en cas de maux de tête. Ces opérations ont parfois un résultat fatal.

8. Amulettes.

Ces docteurs préconisent l'usage *d'amulettes* diverses, de leur préparation, telles que morceaux de racines, griffes de lion, de léopard, d'aigle, dents de crocodiles, morceaux de carapace de tortue; amulettes qu'on porte au cou, à l'aisselle, au poignet, à la ceinture et qui ont la puissance de protéger contre les mauvais esprits, contre le mauvais œil, contre les sorciers, les fauves, le crocodile, contre la foudre ; amulettes qui rendent invulnérables aux morsures de serpent, de scorpion, aux balles, médecines qui donnent le pouvoir de se transformer en lion, hyène ou tel autre animal, ou en un arbre. Ils emploient des médecines avec imprécations contre des voisins, des ennemis, des rivaux.

Ils tiennent leurs greniers loin des villages, aux champs, et les protègent contre les voleurs en traçant un cercle dans le sable et prononçant des malédictions contre quiconque voudrait le franchir. C'est la cérémonie du « sefunda ». En amarrant un canot, ils l'attachent à un simple piquet et disent : « Que quiconque voudrait le détacher soit pris par le crocodile ». L'entrée de leur hutte est protégée par un petit bouquet de feuilles suspendu au-dessus de la porte et qui en touchant le visiteur à son entrée rend inefficaces toute mauvaise intention qu'il pourrait avoir. Le voyageur attardé fait des nœuds aux herbes à l'approche des villages ou place des pierres dans les arbres pour retarder le soleil dans sa marche et ainsi empêcher les gens de s'asseoir à souper avant son arrivée. Quelqu'un vient-il à trébucher dans la forêt, tout passant ajoutera des pierres ou de la terre au monticule qui marque l'emplacement de la chute pour augmenter le malheur de l'infortuné et hâter sa mort. Le Zambézien se méfie de tout le monde et n'a de sentiments charitables à l'égard de personne. Le voisin, l'étranger, c'est l'ennemi probable, autant vaut-il qu'il lui arrive malheur.

9. Personnes et choses sacrées.

Le sentiment de ce qui est sacré et du respect qu'il inspire est naturel au Zambézien. Ce sentiment se manifeste dans plusieurs phénomènes, dans des lieux, des choses et des personnes. Une éclipse les trouble, les effraie. C'est la divinité courroucée qui manifeste ses sentiments. « Priez Dieu de nous rendre le soleil », nous firent-ils demander lors d'une éclipse. Il en est de même de la foudre. Les docteurs indigènes ont la prétention de pouvoir la conjurer. Ils vendent même à leurs clients la médecine qui les garantit de l'accident. Mais les prétendus docteurs ont été parfois eux-mêmes foudroyés.

En s'approchant des chutes Victoria et Gonyé, ils apportent des offrandes à la divinité qui y réside.

Mais celui qui est revêtu d'un caractère sacré par-dessus tout et qui est un objet de respect et de crainte, c'est le roi du pays. Il est considéré comme d'origine divine. Tous les membres de la famille royale possèdent à des degrés divers des attributs divins et sacrés. Ces privilèges de la royauté n'ont cependant jamais empêché les révolutions de se produire. Presque tous les prédécesseurs de Lewanika sur le trône des Barotsés ont péri de mort violente.

Tout ce qui appartient au roi et à sa parenté rapprochée, est considéré comme sacré, telle que la maison royale, la barque royale ou Nalikuanda, les meubles du roi, ses ustensiles, sa vaisselle. Tous ces objets, comme tout ce que le roi dit ou fait, sont désignés par des mots spéciaux qui ne se retrouvent pas dans la langue ordinaire.

Le siège du roi, sa canne, son chasse-mouche, sa vaisselle ou tout autre objet doivent lui être apportés sur les deux mains, par exemple aux heures des repas. Les gens sont tenus de s'agenouiller et de claquer des mains à leur passage. Heureusement les missionnaires et les autres Européens ont toujours été dispensés de ces formalités.

IX. La vie littéraire

Les Barotsés n'avaient aucune notion de l'écriture avant l'arrivée des missionnaires dans leur pays, en 1885. Cela ne les empêchait pas d'avoir toute une littérature spéciale qui se transmettait oralement de père en fils, des vieillards à leurs cadets ; les femmes âgées surtout avaient un don spécial pour raconter aux plus jeunes tout ce qu'elles avaient appris de leurs grand'mères. C'est ainsi que toute une collection de légendes, de contes, de récits réels ou fantastiques, de chansons et de complaintes, de devinettes et de proverbes sont parvenus jusqu'à nous. Leur histoire nous a été conservée de la même manière. Aussi, il n'y a rien d'étonnant qu'elle ait graduellement subi des modifications, nombre de faits sont tombés dans l'oubli, des adjonctions ont été inévitablement introduites par les conteurs à imagination vive. Aujourd'hui, la démarcation entre l'histoire et la légende est impossible à faire. Telle qu'elle est, leur littérature constitue un folklore très intéressant et intructif. Il faut la connaître pour comprendre leur mentalité. Leur conversation est parfois très spirituelle, elle est souvent pleine d'allusions au passé. Dans leurs contes et leurs légendes, les animaux, comme dans les fable de La Fontaine, prennent une forme humaine ; ils personnifient la ruse, la bêtise, la paresse ou l'indifférence, l'égoïsme. Mais le dévouement, par exemple, l'oubli de soi-même et autres vertus sont ignorées.

TABLE DES MATIÈRES

Cahors, Imp. Coueslant (*personnel intéressé*). — 25.324

Original en couleur

NF Z 43-120-8

www.ingramcontent.com/pod-product-compliance
Ingram Content Group UK Ltd.
Pitfield, Milton Keynes, MK11 3LW, UK
UKHW022025170726
13837UKWH00001B/415